Remerciements

À toutes ces personnes qui ont de diverses manières contribué à ce projet.

Patrick Bélanger	La famille Lahoud
Pierre Bureau	Jacques Laurin
Frances Caissie	Martine Lavoie
Jean-René Caron	Éric Lefrançois
Françoise Dubé	Sébastien Lessard
Christine Eddie	La famille McGain
Chantal Émond	Ken Meany
Rachel Fontaine	Lucie K. Morisset
André Fournier	Françoise Niellon
Renée Hudon	Luc Noppen
Daniel Lacerte	Patrick Poulin
Yves Laframboise	Johanne Robitaille
Alain et Serge Lagacé	Henriette Thériault

Conception graphique : Julie Champoux
Infographie : Johanne Lemay
Traitement des images : Mélanie Sabourin
Révision : Pascale Germain
Correction : Céline Bouchard
    Sylvie Tremblay

Adresses internet des auteurs :
pierrelahoud@hotmail.com
hdorion@multim.com

Données de catalogage avant publication (Canada)

Lahoud, Pierre
    Le Québec vu du ciel : au rythme des saisons

    1. Québec (Province) - Photographies aériennes.   2. Québec (Province)
I. Dorion, Henri.   II. Titre.

FC2912.L33 2001   917.14'0022'2   C2001-940240-6
F1052.8.L33 2001

L'Éditeur bénéficie du soutien de la Société de développement des entreprises culturelles du Québec pour son programme d'édition.

Nous reconnaissons l'aide financière du gouvernement du Canada par l'entremise du Programme d'aide au développement de l'industrie de l'édition (PADIÉ) pour nos activités d'édition.

© 2001, Les Éditions de l'Homme,
une division du groupe Sogides

Tous droits réservés

Dépôt légal : 2e trimestre 2001
Bibliothèque nationale du Québec

ISBN 2-7619-1587-9

DISTRIBUTEURS EXCLUSIFS :

• Pour le Canada et les États-Unis :
MESSAGERIES ADP*
955, rue Amherst
Montréal, Québec
H2L 3K4
Tél. : (514) 523-1182
Télécopieur : (514) 939-0406
* Filiale de Sogides ltée

• Pour la Belgique et le Luxembourg :
PRESSES DE BELGIQUE S.A.
Boulevard de l'Europe 117
B-1301 Wavre
Tél. : (010) 42-03-20
Télécopieur : (010) 41-20-24

• Pour la France et les autres pays :
HAVAS SERVICES
Immeuble Paryseine, 3, Allée de la Seine
94854 Ivry Cedex
Tél. : 01 49 59 11 89/91
Télécopieur : 01 49 59 11 96
Commandes :   Tél. : 02 38 32 71 00
    Télécopieur : 02 38 32 71 28

• Pour la Suisse :
DIFFUSION :
HAVAS SERVICES SUISSE
Case postale 69 - 1701 Fribourg - Suisse
Tél. : (41-26) 460-80-60
Télécopieur : (41-26) 460-80-68
Internet : www.havas.ch
Email : office@havas.ch
DISTRIBUTION : OLF SA
Z.I. 3, Corminbœuf
Case postale 1061
CH-1701 FRIBOURG
Commandes :   Tél. : (41-26) 467-53-33
    Télécopieur : (41-26) 467-54-66

Pour en savoir davantage sur nos publications,
visitez notre site : **www.edhomme.com**
Autres sites à visiter : www.edjour.com • www.edtypo.com
www.edvlb.com • www.edhexagone.com • www.edutilis.com

Le Québec

vu du ciel

Pierre Lahoud et Henri Dorion

Le Québec
vu du ciel

Au rythme des saisons

LES ÉDITIONS DE
L'HOMME

À

Alison et Renée

avec qui nous partageons envolées et saisons

Pierre et Henri

Introduction

Après y avoir rêvé durant des millénaires, l'homme, à l'orée du vingtième siècle, est enfin parvenu, comme Icare (mais avec plus de sagesse !), à s'élever au-dessus des montagnes, au-delà des nuages, vers le Soleil. Éternelle recherche de dépassement, de maîtrise des forces naturelles, peut-être même de rivalité avec Dieu… Mais soupçonnait-il, au début des temps, que l'oiseau de métal qu'inventeraient ses descendants deviendrait non seulement la diligence des cieux mais aussi l'observatoire duquel, à son tour, il pourrait contempler la vie sur terre, comme les oies blanches, les sternes et tous ces autres voyageurs ailés ?

Fier à juste titre de cet exploit, l'homme reconnaît cependant aux oiseaux pèlerins un savoir mystérieux, eux qui, sans boussole et sans carte, retrouvent de saison en saison leurs itinéraires traditionnels. Afin de les imiter sans trop d'erreurs, il s'est donc muni d'instruments toujours plus sophistiqués dont les données, mises en mémoire dans de précieux recueils, lui servent de balises, de phares, de plans de vol. C'est ainsi que l'homme-oiseau a voulu photographier le monde, d'abord par nécessité puis, tout simplement, pour le plaisir des yeux… et de l'âme. Car de là-haut apparaissent dans toute leur évidence la beauté de la Terre, sa complexité tout autant que sa cohérence, la diversité de ses formes et de ses couleurs.

Il est un coin de cette Terre, bien loin des déserts de sable où, un jour, le Petit Prince a atterri, un coin de Terre qu'il n'a ni raconté ni dessiné. Il fallait combler cette lacune, cet oubli involontaire sans doute dû à la courte vue du vieux géographe, isolé sur sa planète. C'est pourquoi un photographe aviateur et un géographe moins solitaire que celui de Saint-Exupéry ont décidé d'arrêter de compter les étoiles pour consigner, en photos et en propos, les splendeurs de cette contrée nommée Québec que tant d'oiseaux ont, tout au long de leurs périples, gravées à jamais dans leur mémoire collective. D'où l'ouvrage que voici ; impressionniste par son approche, il se veut toutefois objectif et systématique dans son discours.

À voir défiler en continu les mille tableaux qui font ce pays, on perçoit mieux le rythme des choses : rythme de l'espace, avec ses formes tourmentées ou sereines, ses circonvolutions sans fin, ses alignements dressés par la nature ou inventés par l'homme, et la séquence des zones géographiques qui se déroulent du nord au sud ; rythme du temps, du temps court comme les différentes lumières du cycle quotidien, du temps plus long qui est celui des saisons, ou même de ces éternités figées dans la pierre lorsque la Terre, en dévoilant soudain les cicatrices de son existence tumultueuse, fait du temps un espace. Comme chaque heure du jour, chaque saison a ses couleurs, ses travaux, son pouvoir d'inspiration, sa manière de raccorder le passé à l'avenir. Formes, couleurs et changement, trois dimensions sous lesquelles sera ici célébrée la Terre-Québec.

Bonne envolée !

Les rythmes
de l'espace

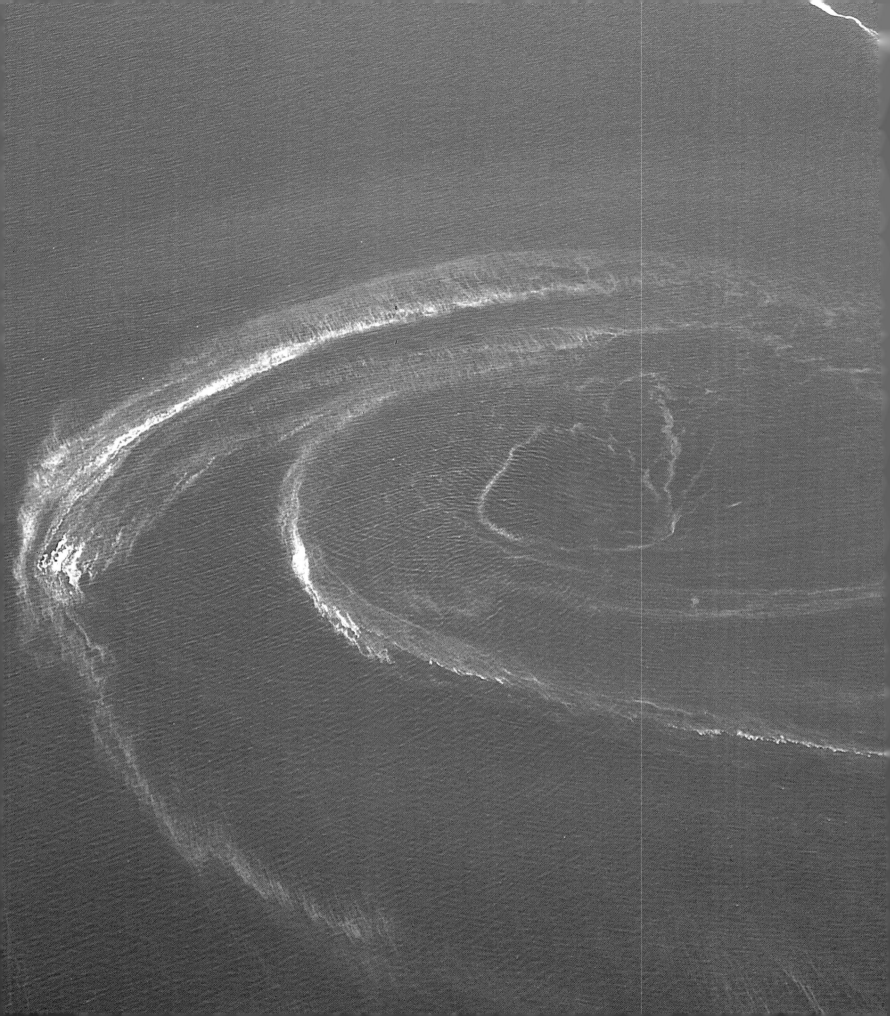

Pages précédentes:
Le région
de Kangiqsualujjuaq
témoigne de la nature
tourmentée du Nouveau-
Québec: un quasi-désert de
roc occupé par des lacs
souvent sans issue,
emprisonnés dans les fissures
du bouclier précambrien que
les glaciations quaternaires
ont raboté, buriné en
un apparent désordre.

*L*a Terre est ronde, comme le soleil, comme ces myriades d'étoiles et de planètes qui tourbillonnent dans l'univers, rond lui aussi… du moins tel que l'imaginaient les anciens. Rien d'étonnant donc à ce que la nature ait si souvent eu recours à la courbe pour dessiner le visage même de cette Terre ; et si l'homme a consigné tant de fois dans la toponymie du Québec des noms comme *lac Rond* ou *île Ronde*, c'est qu'il voulait ainsi mettre en valeur l'omniprésence du cercle dans la géographie du pays. De là-haut, elle apparaît à profusion.

Voyez ces innombrables plans d'eau dont est criblée la forêt, ces îles qui ponctuent golfes, lacs et rivières, ces croupes montagneuses qui se profilent sur notre horizon laurentien, ou encore ces roches erratiques abandonnées dans la plaine ou au fond des vallées. La circonférence, le demi-cercle, la ligne courbe sont omniprésents, y compris le long du grand fleuve où le Créateur a placé, comme autant de points d'orgue, des presqu'îles ou des tombolos circulaires afin de briser la monotonie de ses rivages.

La cosmologie nous enseigne que la ligne droite n'existe pas, sinon en tant qu'abstraction. Et pourtant, n'est-ce pas la nature qui a inspiré à l'homme ces figures rectilignes, ces angles de toutes sortes qu'il s'est empressé de tracer sur l'épure qu'elle lui avait confiée ? Chemins, rangs, labours et clôtures structurent et ordonnent en plan le paysage, comme le font à la verticale les constructions urbaines. L'aspect linéaire de ces artefacts confère une autre de ses caractéristiques premières à la nature québécoise : elle fait figure d'œuvre cubiste dont les lignes entrecroisées, d'après certains chercheurs, serviraient de repère aux oiseaux migrateurs.

C'est ainsi que le circulaire et le linéaire se marient en une infinie variété de formes grâce au jeu combiné de la topographie, du climat, de la végétation et de l'aménagement humain. La pluralité des paysages qui en résulte s'inscrit dans le territoire de façon harmonieuse, continue, complémentaire, constituant ce que l'on pourrait appeler les *rythmes de l'espace*. Parallélisme des rangs, quadrillage des routes rurales ou des voies urbaines, séquence des terres alternativement en friche et en culture, dolmens de la mémoire que sont les cimetières, alignements rigoureux de bottes de foin enserrées dans leur bâche ou de *pitounes* en réserve d'architecture.

◀ On dit que l'univers
émane d'une gigantesque
spirale… Le mouvement de
la mer nous le rappelle
parfois, comme lorsque, à
l'embouchure du Saguenay,
les eaux du fjord rencontrent
celles du Saint-Laurent.

Sur une plus grande échelle, l'espace québécois est également rythmé par les grandes zones géographiques qui se succèdent du nord au sud, le long de quelque deux mille kilomètres, déterminées par une série d'écosystèmes particuliers. Aux confins septentrionaux, émergeant à peine de la pénombre hivernale ou, au contraire, baignant dans la froide lumière des nuits blanches de l'été nordique, s'étend la toundra, téméraire végétation de mousses, de lichens et d'arbustes recouvrant une terre rocailleuse où languissent lacs et tourbières mal drainées. De rares installations humaines, essentiellement littorales, animent de loin en loin cette terre ingrate que l'ingéniosité des Inuits a pourtant su dominer et exploiter tout en faisant bon ménage avec ses autres habitants, l'ours polaire et le caribou. Pays difficile, entouré de baies vastes comme des mers, la baie d'Ungava, la baie d'Hudson et la baie James, englacées la moitié de l'année mais dont les rivages, l'été, se métamorphosent deux fois par jour au gré de la lourde pulsation des marées, les plus fortes du globe. Au jusant, des milliers d'îles littorales se rattachent au continent qui, du coup, semble lui aussi respirer au rythme de ces flux et reflux.

Dans le Québec habité, tracés curvilignes des rivières et lignes droites du cadastre parcellaire se conjuguent pour structurer le paysage rural, comme ici, à L'Assomption, au nord-est de Montréal.

Au sud de cette région revêche, des arbrisseaux puis des sapins, des épinettes et des mélèzes apparaissent qui, toujours plus nombreux, formeront la taïga. Enfin, accrochée aux roches du bouclier canadien, les plus vieilles du monde, la forêt laurentienne prend en écharpe toute la péninsule du Québec-Labrador pour s'étendre vers le sud jusqu'à la plaine du Saint-Laurent. Souci pédagogique de Dame Nature, la lisière méridionale du bouclier est soulignée par une suite de failles que les lents mouvements de l'écorce terrestre ont parfois mises à nu, construisant ainsi de nombreux escarpements qui balisent abruptement le paysage.

Cet arrière-pays est serti d'une constellation de lacs en un réseau si dense et si complexe qu'il est presque impossible d'en faire le compte : un million peut-être. Royaume de chasse, de pêche et d'exploitation forestière, il héberge aussi des installations minières qui explorent jusqu'au tréfonds un entrepôt si vaste et si riche que l'inventaire n'en est pas encore terminé. Les

Amérindiens connaissent, par ailleurs, fort bien le patrimoine faunique, parfois soumis à dure épreuve par des interventions pourtant faites au nom du développement et du progrès… Les ressources conjuguées de l'or vert de la forêt boréale et de l'or blanc du réseau hydrographique ne sont cependant pas inépuisables. Le Nord est une terre de risques et de défis, une terre de vigilance, laboratoire obligé de développement durable…

Dans la plaine du Saint-Laurent, la terre du Québec s'est depuis longtemps laissé apprivoiser, domestiquer par ses habitants. Traversé par le *chemin qui marche*, dont les affluents drainent et irriguent le plat pays, ce vaste triangle qui va s'élargissant vers l'ouest offre en effet, grâce aux alluvions que la mer post-glaciaire y a épandues, des conditions de culture favorables. Des rivières paresseuses y dessinent leurs circonvolutions, recoupent parfois leurs méandres, ornant ainsi le paysage d'étranges croissants lacustres. Des cours d'eau hésitants s'attardent çà et là, devenant marécages que, là encore, l'ingéniosité humaine a su aménager avec bonheur : tourbières et atocatières alternent avec de magnifiques réserves naturelles pour la faune ailée.

Mais de nos jours, ce sont les terres en culture qui dominent le paysage. Car c'est dans cette vallée accueillante, flanquée de ses deux remparts naturels que sont les Appalaches et les Laurentides, que nos ancêtres européens se sont d'abord établis, découpant leurs champs et disposant leurs maisons et bâtiments de ferme selon un plan original, le système de rangs, qui constitue un des rythmes typiques de l'espace québécois. Guidés par la ligne droite, ses architectes ont peu à peu recouvert le territoire d'une vaste courtepointe aux couleurs saisonnières, depuis les Grands Lacs jusqu'à ce lieu de rencontre privilégié auquel les Amérindiens ont donné le nom de *Québec*, « étroit, rétrécissement », goulot d'un sablier dont un des lobes est la plaine du Saint-Laurent et l'autre, l'estuaire.

Les agriculteurs appliquent leur sens de la géométrie non seulement au tracé de leurs labours, mais aussi à l'aménagement de leurs champs, humble rappel des jardins à la française, tel ici, autour d'un étang.

La ville de Québec se situe, à quelques kilomètres près, au point de convergence des quatre grandes unités géographiques qui structurent notre territoire. Du haut de l'Observatoire de la capitale, le visiteur découvre d'abord les alignements successifs de crêtes montagneuses qui, d'arrière-plan en arrière-plan, ferment l'horizon du côté nord. À l'est, en revanche, le paysage s'épanouit sans heurt vers l'estuaire, d'abord peuplé d'îles oblongues, puis largement ouvert, préfigurant le golfe. Au sud, la grande diagonale des Appalaches limite la plaine, à la manière d'un rivage envahi de proche en proche par des vagues successives toujours plus prononcées ; autre rythme de l'espace qui compose un décor plus serein que sur la rive opposée. À l'ouest enfin, se déploie l'immense plaine dont le fleuve est l'épine dorsale, la ligne de vie, paradoxe d'un axe qui unit ce qu'il sépare. De part et d'autre, rive nord et rive sud, jumelles à première vue, se différencient pourtant quant à leurs charmes, tout en partageant un même destin. Car les navires au long cours tout autant que les nombreux traversiers ont fait du Saint-Laurent ce que devrait être toute frontière, une frontière de contact. À leur manière, ils ont participé aux rythmes du paysage.

À la grandeur du Québec, l'espace et le temps se conjuguent pour dégager des lignes de force, des séquences, des formes maintes fois répétées, des repères grâce auxquels apprécier, en quelques battements d'ailes, l'harmonieuse logique du territoire et de sa mise en valeur.

Émergeant de la blanche monotonie de la baie d'Hudson, un bataillon d'îles littorales protège le passage de Manitounuk, ménageant la transition entre cette mer intérieure et le Nouveau-Québec. ▶

Serait-ce, en pleine forêt de
Charlevoix, un damier ou un jeu
de marelle pour l'amusement du
géant Windigo ? Pour l'instant,
ne lui en déplaise, on y fait
l'expérience d'une nouvelle
méthode de coupe sélective…

C'est à travers la géométrie rigoureuse de la plaine du Saint-Laurent
que méandre la rivière Ouelle.

Sur le Saint-Laurent, reconnu pour sa navigation difficile, chaque région a ses vigies ; l'une des plus importantes est le phare de l'île Rouge, en face de l'embouchure du Saguenay.

Le Saint-Laurent : un fleuve, un estuaire, un golfe, presque une mer ; une ligne de vie entre
le cœur du continent et l'océan, un territoire qui varie au rythme de ses éternels voyageurs.

◀ Il y a à peine plus de dix mille ans, le glacier burinait profondément le paysage laurentien ;
le fjord du Saguenay est un des vestiges les plus spectaculaires de son passage.
La toponymie lui a d'ailleurs exprimé toute son admiration à la baie des Ha ! Ha !

C'est encore la ligne droite qui
domine le paysage de Montréal.
À l'horizontale, s'étale le plan en
damier si caractéristique des
villes nord-américaines ; à la
verticale, le centre-ville projette
ses gratte-ciel qui font écho au
mont Royal.

Linéaire, le fleuve ; et linéaires, les villages qui le bordent, aussi bien que les champs et les clôtures.
La dimension axiale est décidément une des constituantes essentielles du paysage québécois.

◀ Rythmée par les champs et les rangs qui découpent son tapis agricole, la plaine du Saint-Laurent, au sud de Montréal,
offre simultanément au regard les diverses étapes de sa mise en culture.

Sur la foi des géologues qui l'avaient dûment sondé, les compagnies minières ont brisé le couvert végétal
du bouclier canadien pour ramener en surface les richesses minérales qu'il recèle à profusion. ▶

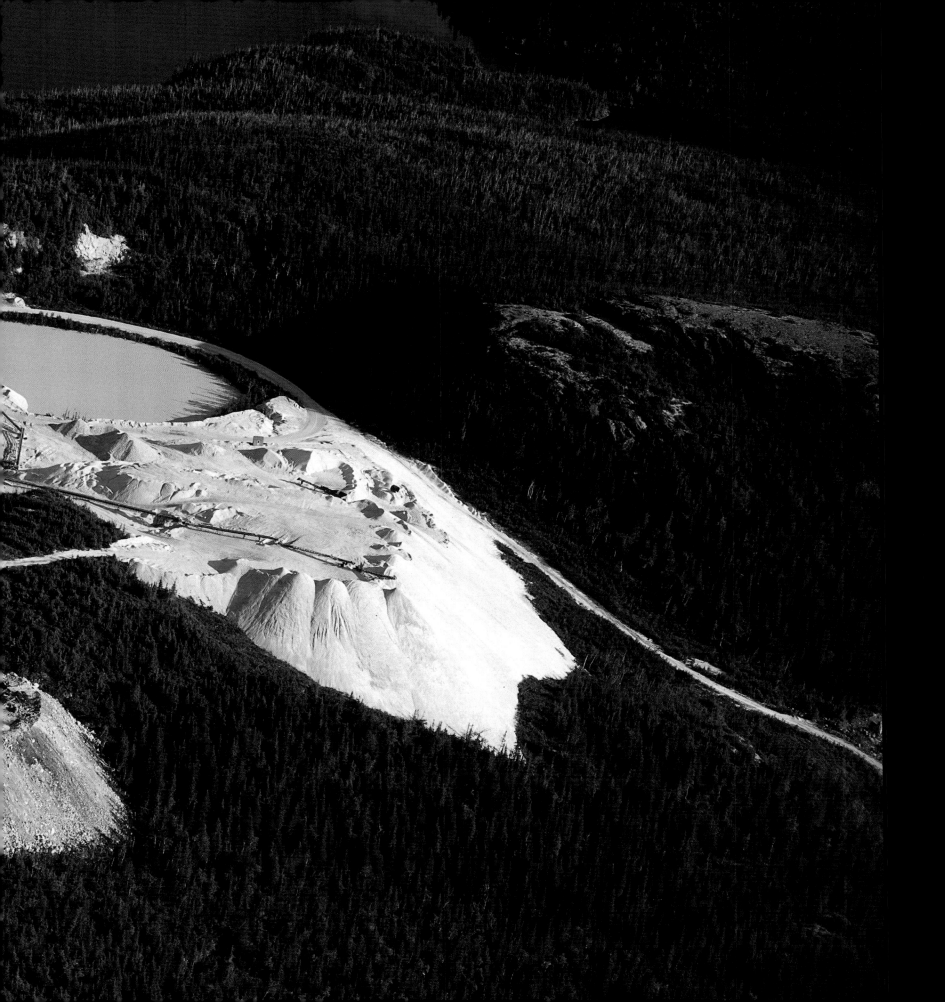

La chaîne des Appalaches, qui constitue en quelque sorte l'écran méridional du Québec,
est faite de longs alignements boisés entre lesquels s'allongent les villages, les rangs, les champs… et parfois les nuages.

Les agriculteurs de la plaine du Saint-Laurent sont de véritables tisserands qui revêtent les paysages ruraux
d'une riche tapisserie que, pour l'instant, on ne dévore que des yeux…

Pour avoir voulu respecter la présence d'un arbre tout en se conformant au tracé des canaux de drainage,
un cultivateur donna à son champ de maïs une tournure originale. Il y ajouta son paraphe, dirait-on.

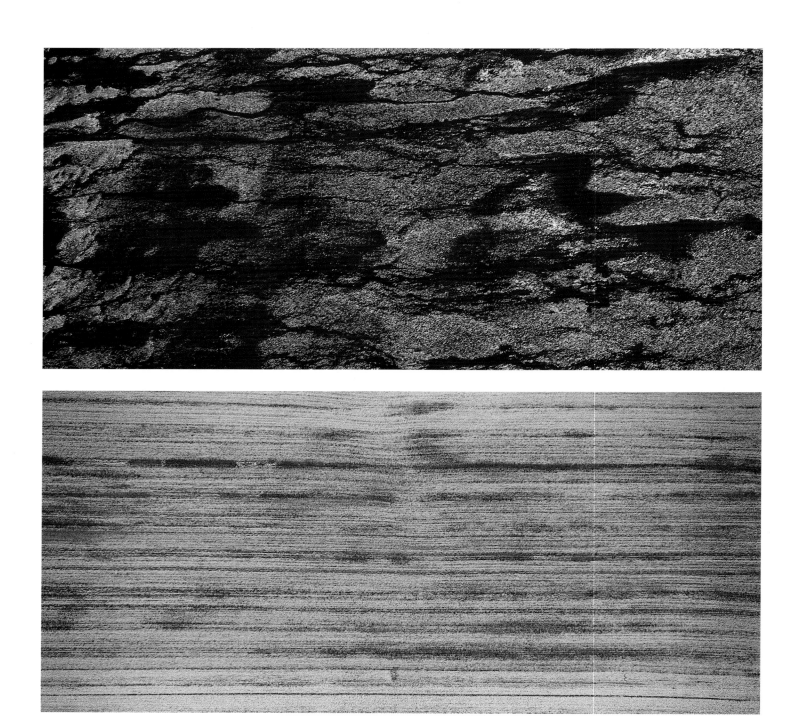

Grâce à une logique mystérieuse, la nature réussit à donner un rythme à des éléments aussi informes que des marécages ;
l'homme y ajoute sa rigueur en soumettant ses champs au parfait alignement des semailles…

… recomposant ainsi des paysages harmonieux et symétriques.

Terre entourée d'eau, eau entourée de terre. La nature s'amuse à inverser le relief pour le plus grand plaisir des visiteurs du ciel.
Pas étonnant que la toponymie du Québec regorge de noms comme *lac Rond* ou *île Ronde*.

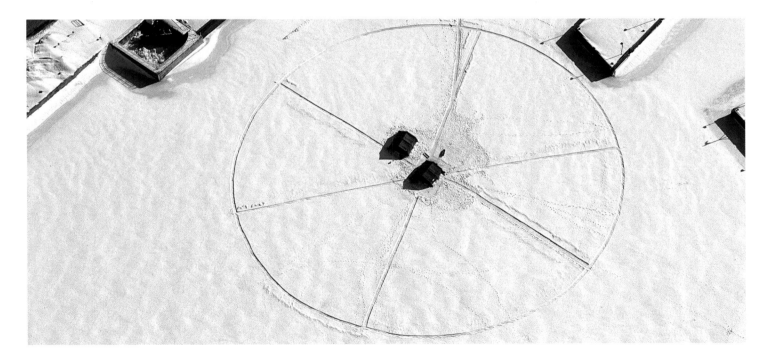

L'homme aime le cercle tout autant que Dame Nature, ce qu'illustrent bien un parc de maisons mobiles
à Lac-Saint-Charles et un campement d'hiver au Bassin Louise.

Le Créateur a jalonné le pays de formes rondes, tel le mystérieux *Trou de Berthier,* ou encore les innombrables lacs et marécages enchâssés dans la plaine. L'agriculteur ne peut que respecter ses volontés… Quant aux architectes et aux sportifs, hiver comme été ils cherchent à imiter sa géométrie.

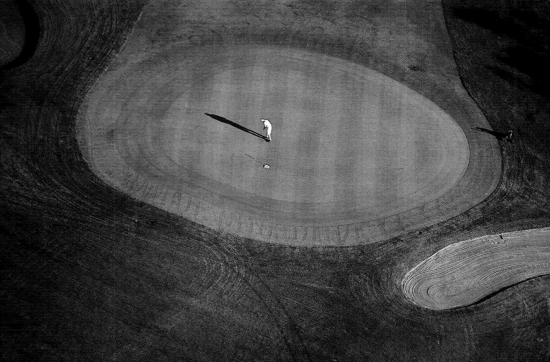

Doux tapis ocre, somptueuses draperies vertes… décor favori du grand Metteur en scène,

dans ce théâtre de la forêt, pour y faire défiler mille et un personnages quadrupèdes.

◀ La fantaisie dont la nature fait preuve en texturant les tourbières qu'abrite la forêt boréale est parfois étonnante :

s'agit-il ici d'un lac ou de quinze étangs ? Bonne question pour les toponymistes…

Des eskers, ces longs serpents de moraine, reliques de l'épisode glaciaire,
sont des indices sûrs du sens de l'écoulement du glacier continental qui, il y
a quelques millénaires à peine, recouvrait la péninsule Québec-Labrador.

Grâce au lent processus de colonisation des tourbières par la végétation s'esquisse
une heureuse diversion, pleine de fantaisie, dans l'infinie monotonie de la forêt boréale.

Par une route audacieuse qui s'enfonce vers le centre de la terre, on extrait les ressources minérales qui,
un temps, ont fait la richesse du pays de l'amiante.

◀ Dans la partie du massif des Torngat que les Inuits appellent Selamiut, se trouve le pic le plus élevé du Québec,
qu'on a nommé D'Iberville en mémoire d'un des grands explorateurs du Nord québécois.

Toujours inventive, l'eau se rit de tout ; dans les sables et les limons des grèves,

elle construit des chaînes de montagnes miniatures…

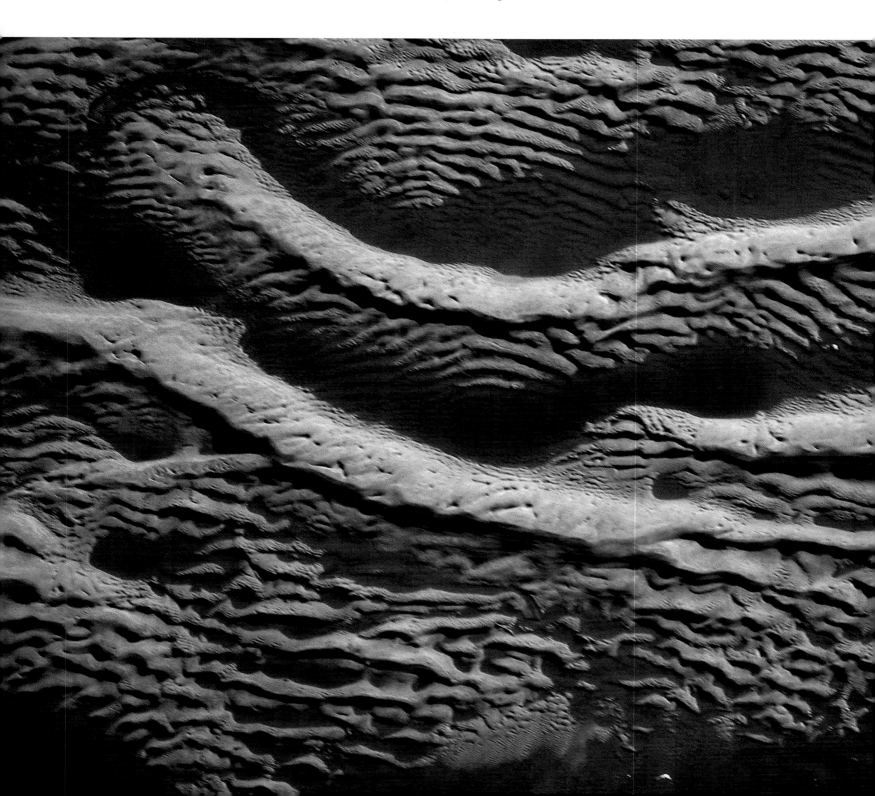

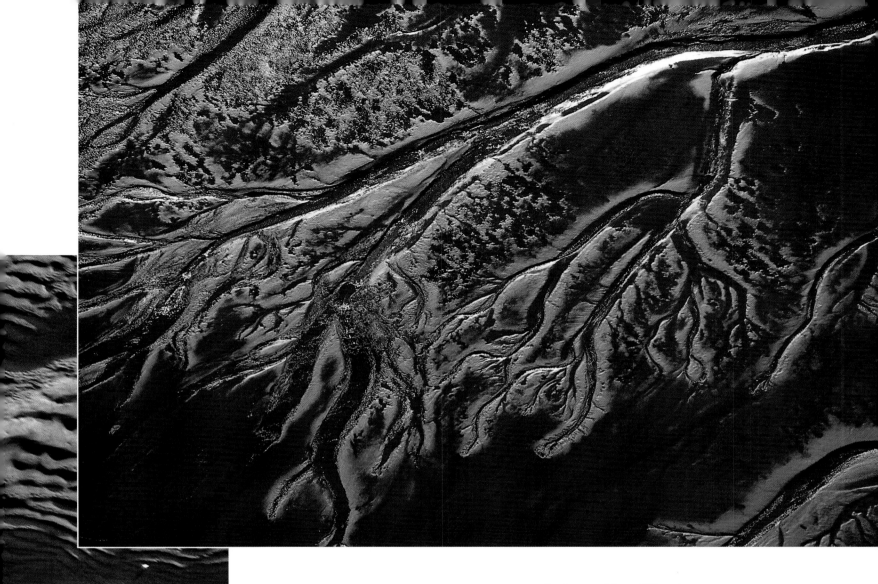

… ou creuse un réseau hydrographique lilliputien
qu'effacera la prochaine marée.

L'agriculteur et le forestier partagent ce souci inné de l'ordre et de la symétrie
qui les amène à donner aux labours ou aux tas de *pitounes* des figures géométriques.

Les pêcheurs ont aussi le souci de l'alignement rigoureux
de leurs cages à homards.

Un agencement régulier d'étages et de fenestration caractérise souvent l'habitation des hommes ;
une fois trépassés, il leur arrive de retrouver une même géométrie, du moins dans le cimetière de la Côte-des-Neiges.

Lucarnes et tourelles encadrent l'harmonieuse géométrie de la façade du Château Frontenac,
à Québec, lui conférant une allure de demeure princière.

L'homme a le souci constant de l'ordre et de l'occupation rationnelle de l'espace. Seul le jeu des couleurs
brise le rythme du minutieux alignement de ses véhicules et de ses embarcations.

En construisant le pont de Québec, le plus long pont cantilever au monde, les ingénieurs se sont-ils inspirés
de cette géométrie naturelle que révèle le craquèlement des glaces sur le fleuve qu'il enjambe ?

L'hiver

Pages précédentes:
Québec, en langue micmac,
signifie *rétrécissement des
eaux*; ce goulot, qui enserre
le Saint-Laurent à la tête de
l'estuaire, explique le solide
englacement du fleuve en
amont de la capitale.

L'hiver n'est pas la saison qui a la meilleure cote: mauvaise saison, saison froide, morte saison. L'automne s'achevant, c'est déjà *l'arrière-saison*, la fin d'un cycle. Ne dit-on pas d'une belle qu'elle a vingt printemps et d'un bon vieux qu'il a quatre-vingts hivers bien comptés? N'associe-t-on pas l'hiver au sommeil, à l'immobilité de la nature, au silence, à l'engourdissement, voire à l'inactivité, à la léthargique attente d'un réveil qui tarde, et même à la mort? Du moins à la mort dans l'âme, si on se réfère à ce qu'inspire à Nelligan un soir d'hiver:

Ah! comme la neige a neigé!
Ma vitre est un jardin de givre.
Ah! comme la neige a neigé!
Qu'est-ce que le spasme de vivre
À la douleur que j'ai, que j'ai!

Et pourtant, Vigneault, célébrant la *blanche cérémonie où la neige au vent se marie*, s'est joliment approprié cette saison que d'aucuns fuient annuellement: *Mon pays, c'est l'hiver*, chante-t-il. C'est bien de cela qu'il s'agit; les Québécois, ceux qui aiment leur pays pour ce qu'il est, ont apprivoisé la froidure comme l'ont fait, des siècles avant eux, Inuits et Amérindiens qui leur ont légué leur savoir-faire en la matière: toboggan, cométique, raquettes, babiche, mocassins, anorak et parka constituent un héritage dont ont dûment bénéficié les nouveaux arrivants. On dit même que notre sport national, le hockey, tire son origine du divertissement favori des Amérindiens, le jeu de crosse qu'ils pratiquaient l'hiver sur la glace.

Apprivoiser l'hiver, c'est l'assumer, c'est accepter de se conformer à ses exigences. Si, après quatre siècles d'occupation du territoire, leurs descendants ont su s'y faire, le choc a cependant dû être rude pour les pionniers. À latitude égale, en effet, l'Europe connaît des hivers beaucoup plus cléments, du moins si l'on s'en tient à l'Europe occidentale, car plus on s'enfonce à l'intérieur du continent, plus le climat est rigoureux. D'ailleurs, le Québec connaît aussi cette règle universelle de la géographie dont elle fait les frais: la rigueur des hivers est directement proportionnelle à la distance de la mer. Les Abitibiens en savent quelque chose, eux dont la région a été surnommée *la Sibérie du Québec*. Même Montréal, à l'extrême sud du pays, connaît un climat qui n'a rien à voir avec celui de Bordeaux, pourtant situé à peu près à la même latitude. Là-bas, la présence de la neige, pour peu qu'elle persiste, se compte en jours; ici, c'est en mois. Et un Noël sans neige, chez nous, est aussi rare que malvenu!

◀ Dans la plaine au nord de
Montréal, des développe-
ments domiciliaires grugent
progressivement le territoire
agricole, dont le manteau
neigeux laisse entrevoir, avec
une pointe de nostalgie, les
lignes divisoires des lots.

L'hypothèque de l'hiver est lourde. Le Québécois a fini par comprendre et apprendre les leçons de la nature et son imagination a joué en conséquence. Nécessité fait loi. Il a dû s'adapter, inventer, modifier ses habitudes et ses rythmes, faire face aux contraintes que lui imposent durant des mois le gel, la neige et les jours trop courts. Conditionnement des habitations et des véhicules en fonction du froid, consommation d'énergie afin de chauffer les maisons de façon acceptable et les éclairer durant les longues nuits nordiques, déneigement des routes, lutte à la corrosion des véhicules, entretien de la libre circulation sur le Saint-Laurent, voilà quelques-uns des défis qu'il a dû relever. L'été, les durs labeurs associés au travail de la terre, labours, semailles et récoltes, ou à ces périlleux rendez-vous avec la mer que connaissent bien les pêcheurs du golfe, ont inspiré nombre de poètes. Mais en trouvera-t-on qui savent chanter le ronronnement des chasse-neige et des motoneiges, ou l'incessant va-et-vient de cette machinerie qui charrie neiges et glaces vers les cimetières de l'hiver?

Le soleil oblique d'un après-midi d'hiver projette sur un lac gelé, telle une frange, l'ombre des arbres qui le bordent; un décor dont seule la saison froide a le secret.

L'Européen qui a pris pied dans ce continent n'a cependant pas eu à tout inventer. À l'instar de l'Amérindien, il a enfilé mocassins et raquettes ou, comme le Scandinave, assujetti ses skis avant de s'enfoncer dans la forêt pour y trapper lui-même les animaux à fourrure qu'auparavant il troquait contre miroirs avec les autochtones, puis pour aller y couper du bois selon des méthodes et avec des équipements qui apparaissent aujourd'hui antédiluviens, ou, au fil du temps, tout simplement pour aller dissoudre dans les solitudes laurentiennes ou appalachiennes son trop-plein de stress accumulé en ville.

Le sport est en effet un des plus beaux cadeaux de l'hiver. Trouvez donc un village du Québec qui n'a pas sa patinoire municipale! Pour sa part, la ville de Québec a, durant plusieurs années, aménagé la rivière Saint-Charles en une féerique allée de glace. Combien de montagnes situées à distance raisonnable des villes portent, dans leur couverture végétale, les stigmates, été comme hiver il faut le dire, de l'aménagement de pistes pour ski alpin ! Les rivières et lacs gelés attirent encore les mordus de la pêche… avec tout leur fourbi de confort urbain : électricité, télévision et victuailles solides et liquides ! Le village de La Pérade, sur la rivière Sainte-Anne, est connu comme la capitale de la pêche aux *p'tits poissons des chenaux*. Même les glaces mouvantes du Saint-Laurent ne sont pas un obstacle à la pratique des sports fluviaux : la course en canot de Québec à Lévis constitue depuis longtemps l'événement vedette du Carnaval d'hiver de Québec.

L'esprit ludique des Québécois a donc su domestiquer l'hiver. D'ailleurs, c'est bien à la saison froide qu'arrivent les Fêtes, réjouissances par excellence : la Noël, le Nouvel An et les Rois. Fête de la lumière surtout, alors que scintillent de mille feux les sapins et autres conifères, les corniches des maisons, le clocher des églises, la moindre vitrine. Car la nuit est alors à son plus long ; il faut l'éclairer et l'animer de chaudes couleurs puisqu'il fait froid, très froid.

Loin des villes, dans les solitudes inhospitalières du Nord, sous le glacial silence de l'hiver, le pays s'enfonce dans un sommeil que rien ne vient troubler. Presque rien, faudrait-il plutôt dire : très haut dans le ciel, des avions se croisent dans leur course quotidienne vers les postes du Grand Nord qu'ils vont ravitailler, car voilà le seul lien matériel de communication qui existe entre les métropoles du Sud et les établissements inuits qui jalonnent le pourtour du Québec septentrional. Sur place, le transport se fait par motoneige, véhicule passe-partout qui a depuis longtemps remplacé les attelages de chiens dont le souvenir est perpétué par une exploitation touristique ne manquant pas de charme.

Apprivoiser l'hiver, c'est beaucoup plus qu'en tolérer les inconvénients. C'est aussi s'ouvrir aux sourdes pulsations d'un temps que l'on dit figé, au subtil camaïeu d'une saison trop souvent réduite à sa muette monotonie. Le

On appelle parfois l'hiver la saison morte. Pourtant, le jeu combiné des marées et des changements de température anime le fleuve, sur lequel les glaces flottantes, tels les cristaux d'un kaléidoscope, sont alors réagencées à l'infini.

spectacle hiémal est en effet riche de scènes variées, même si les acteurs se font plus rares qu'à la saison chaude. La faune ailée s'est appauvrie de plusieurs espèces qui ont préféré gagner la chaleur du Sud, d'ailleurs imitées en cela par des milliers d'humains, les bien-nommés *Snowbirds* ; quant aux mammifères, ils sont aussi nombreux à avoir déserté, se contentant toutefois d'une courte migration verticale pour se réfugier quelques mètres sous terre en vue d'une quiète hibernation.

Plus que le monde animal, ce sont donc les éléments qui animent alors la scène. Car alors que les pluies d'été nous charment surtout par leurs sonorités diverses, c'est avec son silencieux spectacle que la neige nous envoûte, tombant parfois sur le mode *andante* en lourds flocons indolents ou, au contraire, entraînée en de tourbillonnantes chorégraphies au rythme d'un *allegro vivace* dirigé par le vent d'est, avec toute la véhémence dont il est capable.

Et tout ce blanc, proverbial, mythifié ! Pourtant, ne dirait-on pas que Dame Neige, alchimiste, a su capter le secret de cette « synthèse de toutes les couleurs » dont elle est le symbole pour mieux en rendre toutes les nuances selon l'heure du jour ou la rigueur du froid : pastel au petit matin, irisée lorsque flamboie le soleil couchant, bleu argent sous la lune de janvier. Fragiles cristaux dont chacun est un bijou de géométrie, ou monuments de glace que laisse sur les berges du fleuve l'assaut des marées, l'hiver recèle un mystère et une poésie sans doute insaisissable à première vue. C'est en ce sens qu'on dit qu'il faut apprivoiser cette saison, fantasque entre toutes, tout en sachant que lourd est le contrepoids de sa sauvage beauté !

Pour l'observateur aérien, l'hiver redonne toute leur valeur à des reliefs que la végétation estivale masque souvent, départage les rivières englacées et celles qui restent vives, oppose les bleus remous du chenal fluvial à la blanche majesté de ses hauts-fonds, souligne d'une frange de glace les résurgences aux flancs des falaises. De surcroît, en revêtant d'un habit de lumière un sol que le soleil délaisse de plus en plus, ne prend-il pas sa revanche sur l'été qui, insouciant, se contente de régner sans effort sur une terre noire saturée de clarté ? Au nord, même séquence, alors que les nuits blanches de juin, qui rendent insomniaques les sombres rochers de l'Ungava, cèdent la place durant de longs mois à une fantomatique presque-nuit polaire… jusqu'à ce que reviennent les beaux jours.

L'hiver est précoce dans les solitudes du Québec nordique. Il accentue l'isolement de ce pays difficile qu'est la région de la baie James : montagnes enneigées et fleuves englacés deviennent des obstacles que les Amérindiens ont, au fil du temps, appris à mâter. ▶

◀ Durant la saison froide, le port
de Montréal s'assoupit à peine,
car on peut aujourd'hui
l'atteindre à longueur d'année, ce
qui lui a permis de ravir à
Québec le titre de terminus
maritime du Saint-Laurent.

Pierre Mac Orlan ne nous en
voudrait pas de reprendre ici le
titre d'un de ses romans, *Sous la
lumière froide*… N'est-ce pas que
couleur et température ont
quelque rapport?

Pour braver ainsi, au plus froid de l'hiver, les glaces du fleuve entre Québec et Lévis,

il faut de l'adresse, de l'endurance… et l'esprit du carnaval !

Le Saint-Laurent est maintenant navigable douze mois sur douze,
de sorte que la course pour la Canne au pommeau d'or, décernée au premier
visiteur maritime de l'année, ne se joue plus en semaines mais en heures…
une coutume qui a perdu son sens.

L'hiver, les parois de la rivière Jacques-Cartier déversent depuis les fissures de la roche sédimentaire des cataractes silencieuses qui ourlent ses rebords abrupts.

◀ Non seulement sur le pourtour du Québec septentrional, mais également à l'intérieur, comme ici aux abords du lac Mistassini, la terre et l'eau s'interpénètrent pour former un paysage essentiellement amphibie où les lacs rappellent, en négatif, les îles qui émaillent l'étendue lacustre.

Saison morte et repos éternel se conjuguent dans les cimetières qui dorment
sous leur linceul blanc.

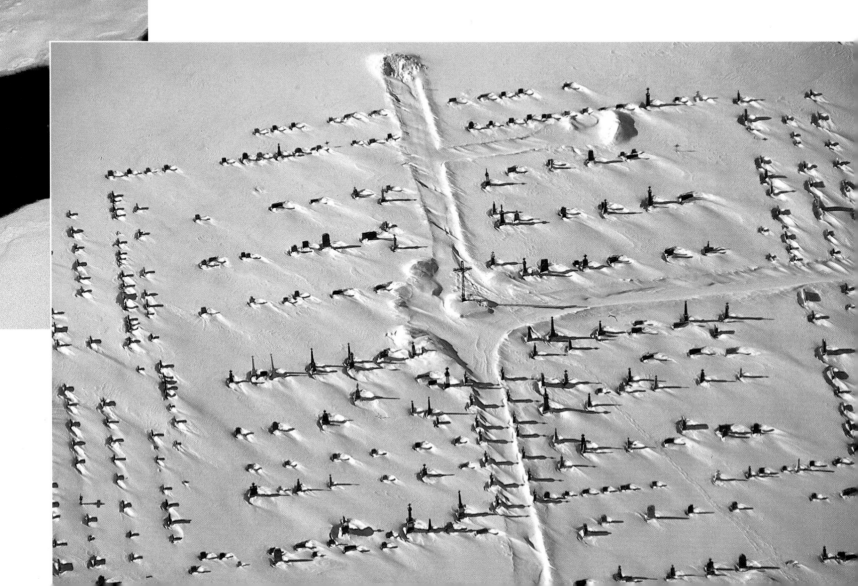

La forêt est aussi un terrain de jeu, d'exercice et d'entraînement pour peu que le relief permette d'y aménager des pistes skiables. Les pentes du mont Tremblant accueillent des sportifs de nombreux pays.

Point n'est besoin d'indications routières pour ces hardis voyageurs qui, au hasard du vent, traversent en skis
à voile des lacs gelés, non plus que pour ces attelages de chiens qui suivent les pistes aménagées le long des lignes
de transmission d'Hydro-Québec.

Il est des montagnes qui ne durent qu'une saison. C'est le cas du *pain de sucre* que forme chaque hiver
l'accumulation de la vapeur d'eau qui se dégage de la chute Montmorency.

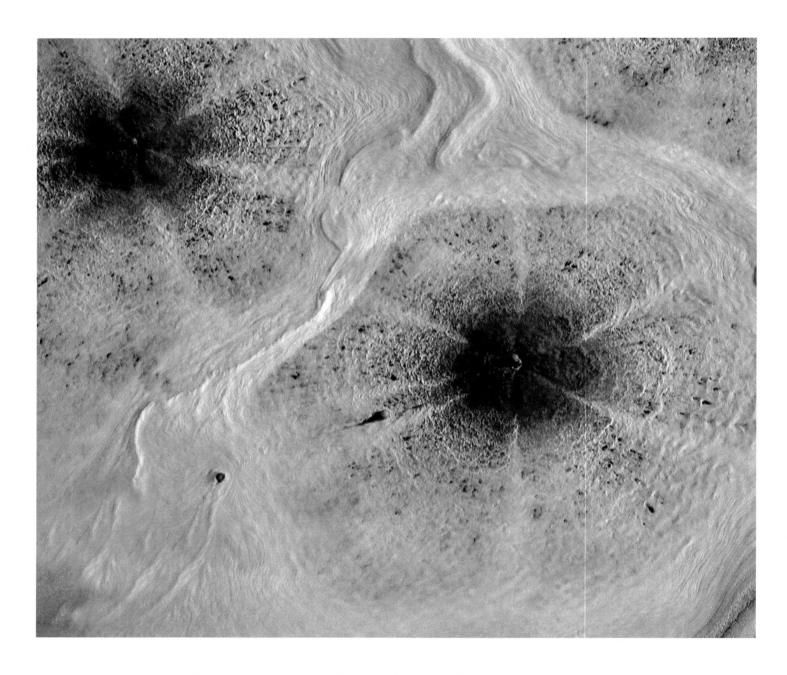

L'homme trouve toujours le moyen de briser la *blanche monotonie* de notre
hiver, soit en accumulant des piles de détritus issus des papetières…

… soit en construisant des monuments de neige qui feront l'admiration
des visiteurs de la Fête des neiges de Montréal.

L'hypothèque hivernale pèse lourd sur le réseau routier du Québec. Heureusement,
s'ajoutent alors de nouveaux sentiers : en pleine forêt pour les randonnées ou les rallyes en motoneiges,
et même sur le fleuve, entre L'Ange-Gardien et Saint-Pierre de l'île d'Orléans,
pour les promenades en carriole.

Le chenal principal du
Saint-Laurent côtoie les îles du
lac Saint-Pierre qui forment
un delta intérieur ;
mais sous la neige et la glace, les
bras du fleuve et les îles se confondent.

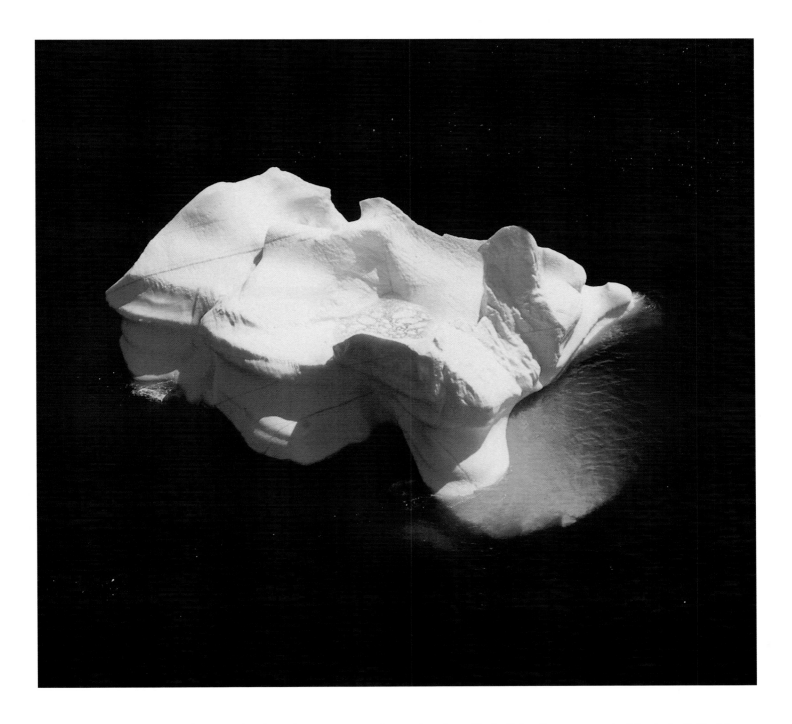

Les icebergs décrochés du Groenland que les courants amènent dans le golfe du Saint-Laurent par le détroit de Belle-Isle, offrent un spectacle grandiose… mais aussi un grave danger pour la navigation.

◀ L'englacement des rives du Saint-Laurent permet de distinguer nettement le chenal principal, généralement libre, de l'autre partie du lit fluvial dont les rebords retiennent la glace en dépit des marées.

Année après année, les eaux gelées de la rivière Sainte-Anne supportent un grand village, avec ses cabanes, ses rues et son réseau électrique. S'y donnent rendez-vous les mordus de la pêche au poulamon.

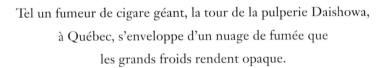

Tel un fumeur de cigare géant, la tour de la pulperie Daishowa,
à Québec, s'enveloppe d'un nuage de fumée que
les grands froids rendent opaque.

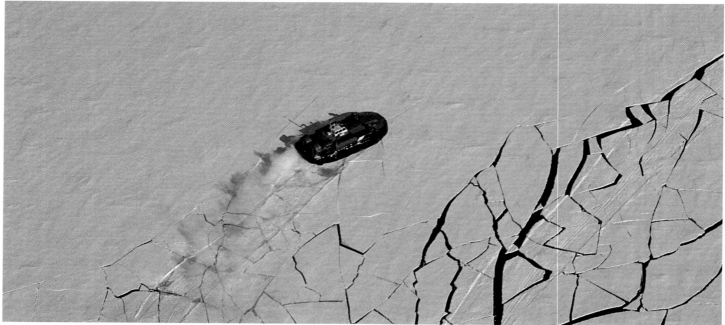

Les brise-glace de la garde côtière et, jusqu'à tout récemment, les hydroglisseurs unissaient leurs efforts
pour briser la banquise qui fige les eaux du fleuve.

De Québec à Lévis, la traversée du fleuve n'est qu'une question de minutes,
mais l'hiver peut parfois en faire toute une aventure lorsque, pris dans les glaces,
les bateaux passeurs dérivent parfois jusqu'à la pointe de l'île d'Orléans.

À Québec, la rivière Saint-Charles a longtemps servi de longue piste de patinage.
Jacques Cartier, qui y a perdu une partie de son équipage à l'hiver 1535-1536, n'aurait jamais imaginé ça !

◀ L'expérience domiciliaire originale qu'a constituée Habitat 67 (en avant-plan) voulait réconcilier
la ville de Montréal avec le fleuve.

De Saint-Joseph-de-la-Rive
jusqu'au village des Éboulements,
grâce à la neige qui revêt
les replats en culture, on peut
discerner les niveaux de terrasses
qui s'échelonnent depuis le fleuve
jusqu'aux plateaux intérieurs.

Le printemps

Pages précédentes:
Comme des milliers
d'étoiles dans le ciel bleu,
d'innombrables fragments
d'hiver jonchent pour
quelque temps encore les
eaux du chenal entre l'île
d'Orléans et la côte du Sud, à
l'heure où le soleil baissant a
rendez-vous avec la lune.

*O*n considère souvent le printemps comme le début du cycle des saisons, tel que le suggère son nom. En réalité, ce *premier temps* est davantage une renaissance, une période de transition qui relègue, pour un temps, dans l'armoire froide des souvenirs le dur hiver des pays du Nord. À mi-chemin entre les régions de l'éternel été et celles de l'hiver pérenne, le Québec, que le printemps ne caresse que tardivement, sait à quel point cette saison est tout à la fois la fin des grands froids que l'annonce des beaux jours.

Voyez ces convois de glace qui dérivent sur le *fleuve aux grandes eaux* jusqu'à la mer, ces rivages envahis par les débordements qu'entraîne la fonte nivale, ces rivières taries par le froid hésiter à reprendre leur course, ces congères qui se lovent quelque temps encore dans les creux de la plaine ou autour des maisons. Au réveil des cataractes depuis des mois figées dans le silence, écoutez leur grondement joyeux, gonflées qu'elles sont de neige en cavale. Ne manquez surtout pas, régnant sur ce remue-ménage, le vol géométrique des pèlerins du ciel qui, à mi-chemin de leur annuelle randonnée, ont choisi cette contrée pour marquer le temps et signifier l'heure du renouveau. Enfin, imaginez qu'un peu partout dans la forêt boréale, des mammifères quittent par milliers leur retraite souterraine, alertés par le réveil de la nature, alors qu'à la ferme, les naissances se multiplient. Assurément, le Québec vit intensément, de mars à juin, ce temps charnière entre le blanc et le vert, entre la pénombre hivernale et la lumière de l'été, entre un long demi-sommeil et une exubérance dont la brièveté donne à l'homme un salutaire sentiment d'urgence.

Le printemps, en effet, commande à l'homme un éventail d'activités qui lui confère une belle fébrilité. Il accorde désormais ses travaux et ses jours à l'horloge de la nature, attentif au cortège de ses manifestations printanières. Plusieurs rivières, grossies elles aussi par la fonte des neiges, s'apprêtent à forcer leur carcan de glace pour aller engorger les étroits. Les riverains trompent leur impatience en organisant de folkloriques loteries dont l'enjeu est de deviner la date et l'heure de la débâcle, les Beaucerons étant particulièrement friands de ce sympathique passe-temps!

◀ Dans la région de
Nemiscau, tandis que la taïga
émerge de son sommeil
hivernal, les rivières
découpent peu à peu leur
chape de glace, en suivant
les sinuosités du rivage.
Le printemps se révèle
alors comme un artiste d'une
étonnante précision.

Puis, c'est au monde végétal de se manifester. Selon un ordre de tout temps minutieusement réglé, apparaissent les premiers bourgeons. Dans la course très serrée qu'entreprend vers le soleil toute la gamme des espèces végétales, les bourgeons floraux, puis les feuilles de l'*érable à Giguère*, une des essences les plus répandues, sont les premiers au fil d'arrivée ; le bouleau, le chêne et la plupart des autres espèces les suivent de très près. En quelques jours, le paysage forestier fait ramure neuve. Bientôt, à perte de vue, se déroulera le tapis vert, dérobant à la vue de l'aviateur espion les aspérités du sol.

C'est enfin le monde animal qui anime nos grands espaces. En premier lieu, celui du ciel, avec l'arrivée des escadrons d'oiseaux migrateurs dont les plus célèbres sont les grandes oies des neiges. Fidèles au rendez-vous printanier, elles installent leur campement sur les abords vaseux du fleuve et ses marais côtiers, du lac Saint-François jusqu'à l'estuaire, pour en extirper les racines du scirpe d'Amérique, très riche en matières nutritives, et ainsi refaire leur plein d'énergie avant d'entreprendre la seconde étape de leur migration continentale. Contrastant avec ce déploiement spectaculaire si bien décrit par Félix-Antoine Savard, c'est presque en secret qu'une faune terrestre sort petit à petit des terriers où elle s'était prudemment réfugiée.

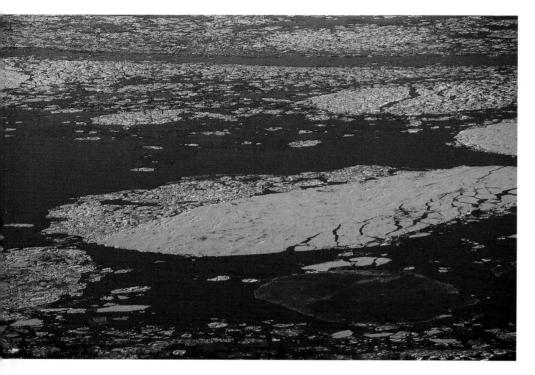

Les dernières glaces se fissurent, se brisent et s'enfoncent dans le bleu du fleuve qui reprend dès lors tous ses droits.

Quant à l'homme, il reprend contact avec la terre qu'il lui faut préparer pour les labours et les semailles. Au fur et à mesure que le sol se libère de ses hardes d'hiver, il note le réveil successif des diverses espèces d'arbustes ; mais s'il avait coutume de régler ses travaux sur cet échéancier naturel, il se fie aujourd'hui davantage aux calculs et prévisions que la science a substitués aux anciennes pratiques divinatoires. Il surveille ses érables, impatients de produire leur sève nourricière. Bientôt, de son observatoire volant, le voyageur verra s'élever de chaque cabane à sucre des serpentins de fumée bleue, signal de fête et de renouveau, lointaine promesse d'été. Non loin du fleuve, s'alignent encore, mais pour un temps seulement, les bateaux de pêche ou de plaisance qu'il faudra bientôt remettre à l'eau. En survolant la ville, il verra avec joie gazons et parterres reprendre peu à peu leurs couleurs.

Entreprendre une envolée printanière au-dessus du Québec, c'est assister des premières loges à un spectacle composé de tableaux changeants qui se succèdent dans le temps comme dans le vaste espace d'un pays amphibie, avec ses dix mille rivières et ses huit cent mille lacs, avec ses plaines, ses montagnes, ses villages et ses villes. Selon l'époque de l'année, chacun de ces éléments revêtira une couleur particulière, donnant ainsi son sens au cycle des saisons.

Le scénario propre à nos latitudes est éternellement le même : l'uniforme blancheur de nos longs hivers s'insère entre l'opulente polychromie de l'automne et les pastels printaniers où, bien sûr, domine le vert. Les verts, devrait-on dire, car si l'Irlande s'enorgueillit avec raison de ses *forty shades of green*, le Québec a-t-il tant à lui envier à cet égard quand le printemps en décline les mille tons au fil des vallées humides, des champs en culture, sur les jeunes pousses des feuillus ou dans les forêts de conifères ?

La nature québécoise est habile à marquer du sceau du transitoire, presque de l'éphémère, le contour des choses : derniers rubans de glace accrochés aux rives du fleuve, couronnes d'eau libre sur les lacs qui s'apprêtent à *caler*, filets de vert tendre soulignant les galeries végétales le long de discrets ruisseaux. Mais petit à petit, à mesure que des bribes de terre fraîche se découvrent et font tache entre les plaques de neige tardive, se déploie le vert en toutes ses harmoniques : vert olive, vert émeraude, vert bouteille, vert pomme.

La rivière Harricana, qui draine vers la baie James la moitié nord de l'Abitibi, se charge au printemps des eaux de fonte d'un territoire plus vaste que la Belgique.

Pour autant, le printemps n'est pas monochrome. Car les agriculteurs se sont affairés à retourner la terre et à lui redonner cette sombre teinte annonciatrice de bonnes récoltes. Puis, de proche en proche, débarrassés de leur glaçure, les toits colorés des maisons qui se succèdent le long des rivières ou des rangs souvent mutuellement fidèles dans leur alignement, égaient à leur tour le paysage. Savant mariage de formes et de couleurs, de lignes et de dégradés, la géographie du pays s'offre alors à la vue de l'observateur aérien comme une marqueterie dont chaque pièce a sa juste place et sa fonction.

Petit à petit, à partir des Appalaches et de la plaine du Saint-Laurent, le printemps fait son œuvre toujours plus au nord, gagnant la forêt boréale pour aller, au bout de sa course, semer quelques fleurs dans le timide été de la toundra. L'immensité du territoire québécois lui confère cette originale particularité de connaître en même temps plus d'une saison : alors que le printemps a déjà pris ses quartiers dans la vallée du Saint-Laurent, l'hiver tarde à quitter les solitudes du Grand Nord. Serait-ce que le Québec tente à sa façon de réconcilier le temps et l'espace ?

De Vivaldi à Stravinski, nombre de musiciens ont rendu gloire au printemps. Chez nous, ceux-ci se nomment merles, corneilles, bernaches et tourterelles. Si, de là-haut, on n'entend guère cacarder les nuées d'oies blanches, on devine aisément le rythme de leur cantate aux amples mouvements synchrones de leurs ailes étreignant le vent du fleuve. S'ajoutent à ce tintamarre le son cristallin de l'eau qui dégouline le long des toits, le bruit sourd des bateaux qui, de plus en plus nombreux, ronronnent à la cadence de leurs hélices, le cri des enfants rendant hommage à leur façon aux premières journées chaudes. À cent lieues du bruit des villes, une rumeur lointaine monte des troupeaux de caribous qui traversent la toundra dans leur transhumance saisonnière. Mais ce *prélude* n'est en somme qu'une répétition générale en vue du grand concert estival…

En contrebas du plateau laurentien qui ferme l'horizon et que borde un mince liséré d'arbres, de belles maisons au gracieux gabarit ponctuent les champs arrosés par la rivière Dauphine qui coule sur le versant sud de l'île d'Orléans. ▸

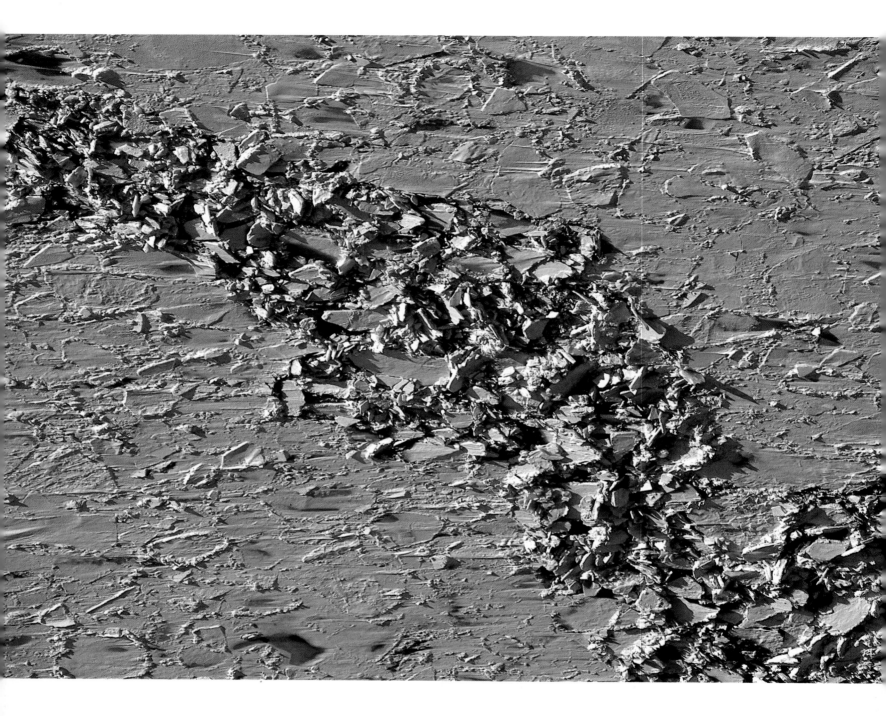

À l'instar de la croûte terrestre, les plaques de glace subissent le contrecoup
des mouvements latéraux que lui impriment les turbulences du fleuve;
c'est ainsi que, l'hiver finissant, se forment d'éphémères cordillères miniatures.

L'hiver impose au lac Opémisca, un élargissement de la rivière Chibougamau, de même
qu'à des milliers de ses semblables, un englacement tenace qui parfois perdure jusqu'aux portes
de l'été. Les habitants d'Oujé-Bougoumou en savent quelque chose…

De part et d'autre du fleuve libéré des dernières glaces, la neige qui s'effrite laisse entrevoir çà et là des taches de bonne terre, prometteuses d'abondantes récoltes.

◀ Les glaces d'estran, devant Saint-Jean de l'île d'Orléans comme autour des îles au Ruau et Madame, continuent jusqu'en avril d'en encombrer les berges.

Bientôt, dans la marina de Saint-Laurent, les bateaux de plaisance se prêteront de bonne grâce aux radoubs printaniers
et aux préparatifs de mise à l'eau, puis s'élanceront sur les eaux, parfois calmes, du grand fleuve.

Entre une armada de glaçons flottants et la Grosse Île encore entourée de sa galerie de glace,
un de ces *lakers* qui remontent le Saint-Laurent jusqu'aux Grands Lacs se glisse le long d'un chenal
enfin affranchi du joug hivernal. ▶

Pour le commun des mortels, les oies blanches s'ordonnent dans le ciel en une belle géométrie,
mais de là-haut, elles semblent une voie lactée posée sur le miroir indigo du fleuve.

◀ Le soleil printanier a réchauffé la Grande Rivière qui enfonce ses eaux bleues dans la surface encore gelée de la baie James.
Un lieu bilingue, car le village de Chisasibi porte le nom cri de la rivière qui le baigne.

Un couloir de lumière laiteuse
éclaire le seul angle prononcé
dans le cours du Saint-Laurent,
le coude de Lotbinière, que
contournent les derniers glaçons
légués au printemps par l'hiver.

De marée en marée, la rivière Koksoak, gonflée par la fonte nivale, transporte,
abandonne puis récupère la cargaison glacielle qu'elle a prise en charge en amont de Kuujjuaq
et qu'elle ira livrer à la baie d'Ungava.

Même le long des rivières qui affluent dans la baie d'Ungava, le soleil aura tôt fait
d'effacer les derniers vestiges de l'hiver que les plus fortes marées du monde
avaient déposés sur leurs rives rocheuses.

À Sainte-Rose-du-Nord, aux abords du Saguenay, le printemps a paré la vallée et ses rebords rocheux de mille tons de vert grâce auxquels les champs et les ramures nouvelles se démarquent de l'immuable vert foncé des conifères.

L'instinct grégaire des caribous de la rivière George les amène, lors de leurs migrations saisonnières,
à peupler la solitude de la toundra de vastes attroupements pouvant compter des dizaines de milliers de têtes ;
le troupeau ne se disperse que quand les conditions du terrain l'exigent.

◀ Au printemps du monde, les plus vieilles roches de la croûte terrestre ont été quadrillées de failles
qu'empruntent aujourd'hui les tumultueuses rivières de la toundra québécoise, comme le canyon Eaton dans
lequel rugit la Caniapiscau entre de hautes murailles de granit rouge.

Tout comme l'hirondelle,

un bateau solitaire ne fait pas

le printemps, mais il annonce la venue des beaux jours,

ceux qui verront toute une flottille jeter ses filets

dans les eaux vives du golfe.

La rivière des Mères, à Saint-Vallier, entreprend un virage serré entre des rangées d'arbres
au feuillage encore transparent qui font office de haies d'honneur.

Comme en Irlande,
le printemps confère au mitan de
l'île d'Orléans un riche dégradé
de verts, chacun signalant une
particularité du lieu : vallée
humide, nouvelles pousses
d'arbres, bois de conifères…

Au nord du mont Yamaska, une
des Montérégiennes de plus de
quatre cents mètres, la rivière
homonyme serpente
d'un village à l'autre au milieu
des labours printaniers.

À Cap-à-l'Aigle, dans Charlevoix, les habiles jardiniers de la ferme *Aux Quatre Vents* ont composé
avec science et élégance une véritable symphonie d'essences forestières et ornementales...

... à laquelle se joignent les éclatants coloris de la floraison printanière.

Les îles de Sorel constituent un delta intérieur qui offre aux humains comme
aux oiseaux migrateurs, annonciateurs de l'été, un refuge d'une grande tranquillité
mais aussi d'une certaine fragilité.

En ce début de juin, des enfants se pressent aux portes de l'école :
fébrilité des derniers jours de classe ou envol vers les vacances ?

L'été

Pages précédentes:
L'île aux Oies et, à
l'avant-plan, l'île aux Grues,
où s'étire le village,
ne forment qu'une seule île,
sauf aux grandes marées
d'équinoxe. Comme la
toponymie le suggère, c'est
un paradis ornithologique
où on peut observer plus de
deux cents espèces d'oiseaux.

Au Québec, l'été est aussi court que l'hiver est sans fin. Douce compensation, les jours sont alors aussi longs que la saison est brève ! Au solstice d'été se confirme l'arrivée des beaux jours que célèbre à la Saint-Jean-Baptiste le peuple québécois, tout autant que sa propre fierté. C'est alors le signal d'un moment de répit où l'on peut vraiment vivre dehors, exploiter pleinement les dons que la nature s'était bien gardée de distribuer plus tôt. On en est, en quelque sorte, au midi de l'année, avec le soleil bien haut dans le ciel qui réchauffe, en même temps que l'air, les champs, les lacs, les rivières et l'esprit sportif de ceux qui sauront profiter d'une large gamme de divertissements. Car voici venue la saison du mouvement, de l'action de la réalisation, après celle de l'éveil. Ce n'est pas en vain qu'on appelle *été de la vie* cet âge de force et de maturité qui suit la jeunesse.

Une saison de vie, en effet, que l'été. Une saison qui manifeste sa beauté en interpellant tous les sens. Les longues heures de clarté, judicieusement récupérées par le système de l'heure avancée, laissent tout le temps d'admirer les vifs coloris qui vibrent au rythme de la danse des heures. Le soleil, aidé de son indispensable adjointe, la pluie nourricière, habille généreusement la ramure des forêts du sud que la froidure avait privées de feuillage. Les floraisons successives des jardins ajoutent leur polychromie à celle qu'engendrent la variété des céréales en culture et la maturation progressive des champs ensemencés.

Les courtes nuits de l'été offrent aussi maints spectacles. À la mi-août, par exemple, les perséides attisent l'impatience des astronomes et leur procurent une joie instantanée en filant d'un bout à l'autre du ciel nocturne pendant qu'au ras du sol, mouches à feu et autres feux follets s'échangent de pétillants clins d'œil. L'homme, alors désireux de rivaliser avec Dame Nature, illumine la ville, les façades de ses édifices, ses monuments même ; et que dire de tous ces festivals qu'il met sur pied, dont le moindre n'est pas le Festival du bateau illuminé, à Notre-Dame-de-Pierreville !

Si l'œil est comblé, l'oreille s'enchante aussi des douceurs de l'été : concert perpétuel dans lequel dominent, en leur registre aigu, les chants de tous ces oiseaux qui se relaient d'heure en heure depuis le merle matinal jusqu'à la tourterelle vespérale, alors que, au plus chaud de la journée, les cigales, pour reprendre le langage des musiciens, tiennent la pédale avec leur strident *continuo*. Quant à l'homme, tout lui est prétexte à festoyer au son des musiques et chansons d'ici et d'ailleurs.

◀ De nombreux phares
ponctuent les rives du
Saint-Laurent et ses îles ainsi
que le pourtour gaspésien,
comme ici, au nord de Percé.
Le blanc et le rouge sont les
couleurs traditionnelles de
ces sentinelles de la mer.

L'odorat y a aussi son compte. L'été prolonge les odeurs du printemps en les amplifiant ; en les orchestrant aussi, là où d'habiles horticulteurs ont multiplié les espèces florales dans des parcs ou des jardins qui s'aventurent parfois même dans des régions que l'on pourrait croire destinées à la seule forêt boréale. Ceux qui ont l'âme rurale ajouteront que l'odeur du foin fraîchement coupé les ravit tout autant que bien des parfums… Quant au goût, qui ne perd rien pour attendre, c'est encore le labeur des hommes qui agencera, dans le temps et dans l'espace, la séquence des récoltes et le savant cheminement qui amènera de la terre à la table les savoureux produits d'un terroir qu'ils auront su rendre fécond.

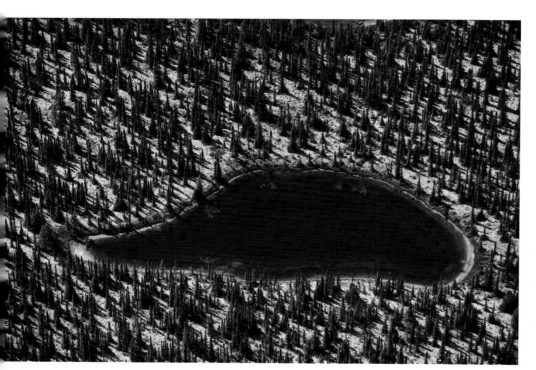

La forêt laurentienne, dense au sud, devient de plus en plus clairsemée vers le nord ou sur les hauts plateaux ; elle laisse alors entrevoir le vert tendre des mousses et lichens qui tapissent le sol.

Chaque saison a ses charmes et, bien sûr, leur contrepartie. L'été ne fait pas exception, avec ses invasions de mouches noires en forêt et de moustiques dans les zones humides. Chez nous, on les craint davantage que bien des monstres qui peuplent la forêt ou les contes d'enfants : l'ours vorace et le méchant loup sont plus méfiants qu'ils ne sont redoutables. Toutefois, à cette époque de l'année, la quiétude des Québécois est surtout troublée par les caprices d'un climat que caractérise l'alternance imprévisible de journées ensoleillées et pluvieuses, au grand dam des fervents de spectacles en plein air, mais à la satisfaction, plus que compréhensible, des agriculteurs. Car la pluie, au même titre que le soleil, est un don des dieux. Lorsqu'elle fait défaut, il arrive que la forêt s'enflamme, que le ciel flamboie d'une sinistre beauté, que le feu chasse une faune affolée hors de son habitat, ne laissant dans le paysage que les désolants stigmates de son passage. À quelque chose malheur est bon, dit-on : là où le feu a passé, les bleuets seront abondants ; faible consolation sans doute. La forêt a, elle aussi, le secret de son éternelle régénérescence… à condition que l'homme lui accorde tout le respect qu'exige le cycle de la vie. Heureusement se développent au Québec des habitudes d'exploitation rationnelle des ressources ligneuses grâce, notamment, à des méthodes de coupe sélective, afin de limiter les dégâts de cette «erreur boréale» qui, récemment encore, ravageait la forêt laurentienne.

D'ailleurs, la recherche de l'équilibre écologique ne contribue-t-elle pas à mettre en harmonie la beauté de l'été et un éventail d'activités que les autres périodes de l'année ne permettent que peu ou prou? Même si l'agriculture, après avoir constitué au siècle dernier la base de l'économie québécoise, n'y représente plus qu'un faible 2 %, elle imprègne encore fortement le paysage et lui confère les formes qui structurent l'espace rural; aux yeux du voyageur aérien, la plaine du Saint-Laurent, où se concentre la presque totalité du territoire en culture, devient un immense damier dont les couleurs traduisent la variété des productions céréalières aussi bien que maraîchères; un régiment de tours à grains veillent sur le plat pays comme, au loin, les clochers des villages. C'est dans ces hauts silos circulaires que les fermiers, le temps venu, engrangeront leurs récoltes: l'avoine, l'orge, le sarrasin et, plus tard, le blé et le maïs, tandis que les enfants guetteront l'arrivée des petits fruits sauvages, aujourd'hui amoureusement cultivés: fraises, framboises, mûres et bleuets.

À l'instar de la plaine, l'espace fluvial et lacustre s'anime lui aussi à la belle saison. Il est vrai que les cargos n'ont pas cessé leur va-et-vient sur le Saint-Laurent tout au long de l'hiver. Mais l'activité se diversifie. Les traversiers saisonniers reprennent du service. Des paquebots de croisière viennent mouiller dans le port de Québec. De petites embarcations emmènent les touristes dans les rapides de Lachine ou encore à l'embouchure du Saguenay, pour y admirer les grands mammifères marins: baleines, rorquals et bélugas. Les innombrables îles dont est serti le Saint-Laurent en aval de Québec reçoivent aussi de nombreux visiteurs, comblés par la diversité de leurs attraits: vieux phares en chômage (aux îles du Pot-à-l'eau-de-vie, par exemple), vestiges de l'occupation basque (à l'île aux Basques), curiosités de la morphologie littorale (aux îles de la Madeleine) et chasse au chevreuil (sur l'île d'Anticosti).

Les Madelinots sont gens de mer. Leurs voitures d'eau constituent leur demeure secondaire; mais au plus fort de la saison de pêche, elles deviennent leur habitation principale.

Au nord, très loin de l'agitation des hommes, l'impassible forêt vibre pourtant d'une émotion toute discrète, car sous le somptueux camaïeu de vert qui s'étend à perte de vue, taché çà et là de bleu sombre, se succèdent depuis le début de l'été de joyeuses bandes de pêcheurs et de chasseurs venus taquiner la truite et le saumon, ou épier le petit gibier, se réservant le grand pour les jours fastes de l'automne. Et alors que le paysan est retenu sur sa terre par le lourd agenda de ses tâches estivales, le citadin partage son temps entre tournées en forêt et loisirs urbains.

Car il y a en ville, comme d'ailleurs dans de nombreux villages, une longue suite de manifestations qui tirent profit des généreux bienfaits de l'été. Événements sportifs et culturels, festivals en tous genres remplissent rapidement le calendrier. La musique est à l'honneur dans Lanaudière, dans les Cantons-de-l'Est, à Montréal, à Québec, à Drummondville, à Saint-Irénée. Des tournois accueillent les joueurs de pétanque à La Tuque, les nageurs au long cours pour la traversée du lac Saint-Jean ou du lac Memphrémagog, les intrépides du vol libre en Gaspésie. D'autres festivités mettent en valeur des produits régionaux : le homard aux îles de la Madeleine, la bière en Montérégie, les produits laitiers à Coaticook, alors que Montréal, métropole oblige, se réserve au mois d'août les plaisirs raffinés des Fêtes gourmandes internationales. Ceux qui préfèrent un menu varié où se côtoient distractions insolites et émotions fortes, sans avoir à trop se déplacer, pourront toujours aller folâtrer au parc de La Ronde qu'a légué à la population montréalaise l'Exposition internationale de 1967. Un tiers de siècle plus tard, l'été de l'Expo se perpétue…

On a dit qu'habiter le Québec, c'est assumer ses hivers. Mais c'est aussi savoir profiter de sa trop brève saison estivale pour entrer en contact avec une nature dont la beauté est aussi intense que fugace, une nature accueillante qui invite à multiplier les activités, qu'elles soient laborieuses ou ludiques. À survoler le Québec en été, on ne peut que s'extasier sur l'opulence du panorama qu'offre une terre, à l'origine sauvage et difficile, devenue fertile et dynamique à force de volonté et d'imagination.

Les îles de la Madeleine, ces *demoiselles perdues en mer*, telles que poétiquement surnommées, savent aussi se faire remarquer par de hautes falaises, comme c'est le cas à l'île de la Grande Entrée. ▸

Lorsque, après avoir dévalé par chutes et rapides les montagnes de roche dure du bouclier canadien,
les rivières du Nord québécois trouvent le repos dans des reliefs plus sages, elles se contorsionnent
comme de longs serpents bleus à travers la verte taïga.

◀ Partout au Québec, dans les villages, les maisons se blottissent autour de l'église paroissiale, en général orientée chœur vers l'est; faisant exception, celle de Saint-Vallier se tourne vers le nord. Les champs en culture sont toujours tout proches.

Vu des airs, le rocher Percé semble un immense paquebot amarré à cette pointe qui s'allonge, tel un quai, devant le village du même nom; à marée basse, une langue de sable fait figure de cordage.

C'est parfois des entrailles de la terre que les lacs tirent leur couleur.
À Schefferville, en fouillant le sol ferrugineux pour en extraire le minerai,
les hommes ont créé des cratères qu'on pourrait croire d'origine volcanique.

Les ciels clairs de l'été se mirent dans les innombrables lacs dont est criblée la forêt boréale.
Rien d'étonnant à ce que le Québec compte une quarantaine de *Lac Bleu* ; les *Lac Vert* et
Lac Noir, eux, dépassent la centaine.

À la verticalité rectiligne qui caractérise le centre-ville de Montréal s'opposent, quelques kilomètres plus à l'est,
les formes courbes du Stade olympique.

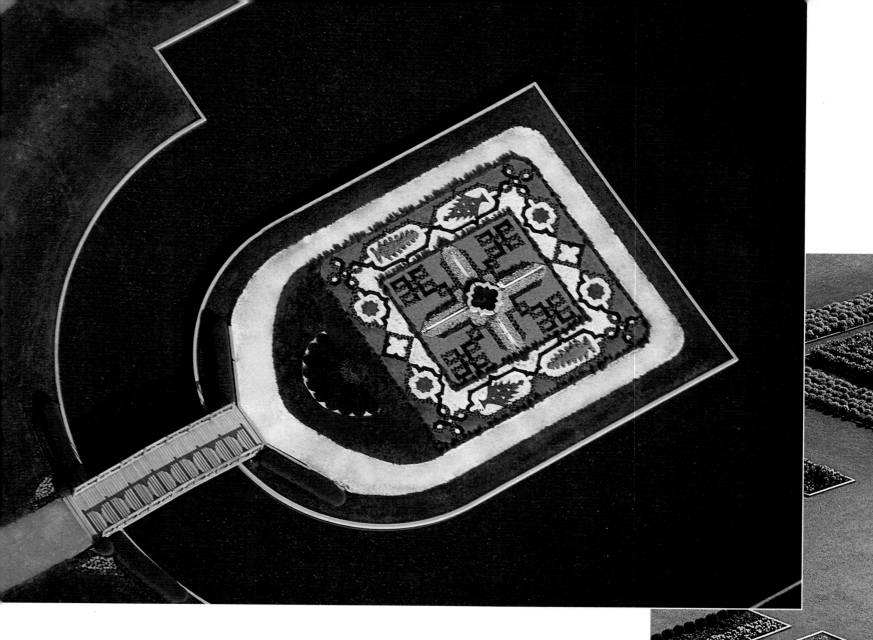

Les jardins de Versailles? Comment ne pas y penser à la vue de cet harmonieux
agencement de massifs floraux et arbustifs? On a peine à croire qu'un jardin
à la française si plantureux se trouve en pleine forêt boréale, à Normandin,
dans la région du lac Saint-Jean!

Situé au pied de la falaise, en bordure du fleuve, l'édifice des douanes rappelle avec élégance
que Québec a longtemps été une des principales portes d'entrée au pays.

D'abord confiné à l'estuaire de la rivière Saint-Charles, le port de Québec a constamment pris de l'expansion,
pour occuper aujourd'hui une longue façade de part et d'autre de la vieille ville. ▸

La monotonie du relief de la plaine du Saint-Laurent est largement compensée par le foisonnement de couleurs qu'engendre la diversité des cultures et que modifie d'ailleurs de semaine en semaine le rythme de leur maturation.

La statue de la Vierge apparaît
là bien minuscule, réfugiée sur la
première des trois marches de
l'escalier de géant qu'est le cap
Trinité. Un sentier permet aux
excursionnistes courageux
d'atteindre le site.

Avec la construction du plus
grand barrage à voûtes multiples
au monde, l'ingéniosité
québécoise a grandement modifié
la géographie de la région,
notamment en créant l'immense
anneau lacustre qu'est le
réservoir Manicouagan. ▶

Les précipitations estivales se marient souvent au soleil nordique pour iriser un ciel incertain
au-dessus d'une terre aride où les couleurs se font rares.

Au pied des monts Torngat, la rivière Barnoin coule d'abord à ras
de roche, pour ensuite plonger dans les profondes fissures
du bouclier canadien ; ce parcours difficile n'a pas empêché
d'intrépides pêcheurs d'y installer une pourvoirie.

◀ Ce long doigt pointé vers la mer intérieure qu'est le golfe du Saint-Laurent, c'est la presqu'île Forillon sur laquelle veille le phare du cap des Rosiers.

Le lac Saint-Jean occupe une large dépression au cœur du bouclier canadien ; il tire son importance de la vaste plaine qui se déploie en son pourtour. Le lac à la Croix, qui a donné son nom au village qu'il avoisine, est un de ceux qui égaient ces terres argileuses.

Lorsque les rivières n'ont pas envie de méandrer, elles s'amusent à construire, à éroder et à remodeler une kyrielle d'îles auxquelles elles confèrent, au hasard de l'inspiration, des formes qui suggèrent de curieuses comparaisons. Cette île dans la rivière Péribonka évoque-t-elle un hippocampe, un cygne ou un cintre ?

Le Québec compte plus de cinquante étendues d'eau délicatement nommées *Lac en Cœur*; dans certains cas, il faut une bonne dose d'imagination pour voir la relation entre la forme et le nom.

Il arrive que la solidité de nos vieilles maisons de pierre n'a pas résisté à l'épreuve du temps. Kamouraska,
où s'est établie une petite colonie dès la fin du XVIIe siècle, recèle de tels vestiges.

En terre québécoise, le temps des conflits territoriaux avec les voisins du sud est révolu depuis longtemps, mais
les aménagements qu'ils ont occasionnés, comme le fort Chambly, constituent des lieux de mémoire qui ont beaucoup à dire.

L'expertise des ingénieurs en structures métalliques est sans limites, qu'il s'agisse d'unir les rives du grand fleuve, grâce au pont Laviolette, le seul entre Québec et Montréal, ou encore de combler les amateurs de sensations fortes, avec les montagnes russes de La Ronde, sur l'île Sainte-Hélène.

Feux d'artifice au ralenti, escadrilles pacifiques, constellation de couleurs volantes,
tour de la Montérégie en quatre-vingts minutes… les images ne manquent pas, qui évoquent
le Festival de montgolfières de Saint-Jean-sur-Richelieu !

L'été finissant, des nuages bas se posent sur le Québec, desquels émerge, tel un périscope, porte-étendard
du savoir-faire québécois, un de ces pylônes qui transportent l'énergie hydro-électrique d'un bout à l'autre du pays.

◀ Maintenant protégés, après avoir été pendant des siècles la proie des baleiniers européens, ces grands mammifères
marins viennent saluer à la surface du golfe le tourisme d'observation que l'on veut croire inoffensif.

L'automne

Pages précédentes :
Arrivé au lac Saint-
Pierre, le Saint-
Laurent forme un delta
intérieur où se prélassent
les îles de Berthier, sur
lesquelles le soleil couchant
ajoute son rougeoiement à
celui du feuillage d'automne.

Les poètes québécois ont bien illustré le paradoxe de cette époque de transition qui oscille entre une joyeuse explosion de couleurs et une indicible nostalgie. Gatien Lapointe chante ces *ciels où les feuilles mortes sont des aquarelles de chagrin* ; Gilles Vigneault, quant à lui, fait tenir l'automne tout entier en ces quelques mots : *jaune et violet, vert et or, ocre et rouge, le vent se charge du reste.* Enchantement de l'œil et tristesse de l'âme, antinomie qui trouve son écho dans l'expression même de l'artiste : tandis que les peintres tels Suzor-Côté, Krieghoff ou Richard furent surtout touchés par le riche coloris dont se parent alors nos forêts, nos poètes se sont laissés davantage envahir par la lancinante mélancolie des pluies de novembre.

Malgré le démenti de l'*été des Indiens*, généreux chant du cygne d'une saison qui s'étiole, il faut désormais dire adieu aux beaux jours. Car lorsque arrive octobre, le soleil devient avare de son temps tout comme de son intensité, les arbres se dépouillent de leurs atours et, même s'il pleut moins qu'en été, une insidieuse humidité enveloppe peu à peu le pays et les gens. Puis c'est novembre, *brumaire* ainsi que le nommaient les révolutionnaires français ; la brume, artisane de ces jardins de givre dont décembre, *frimaire*, a le secret. Chez nous, c'est le moment où on regrette le plus l'été… où on redoute le plus l'hiver tout proche, autrement plus rigoureux que celui d'outre-Atlantique. Comme disaient les anciens, c'est le temps de *s'encabaner*.

Mais avant de se résigner à la réclusion, les Québécois veulent célébrer l'automne en pleine nature, comme ils le font pour les autres saisons. Ils organisent des fêtes aux noms évocateurs : la Flambée des couleurs à Magog, les Rêves d'automne à Baie-Saint-Paul, le Week-end des couleurs à Saint-Donat. Ils paient ainsi tribut à l'arbre-roi du Québec, l'érable, qui, en fin d'année, produit des toisons blondes, rousses et brunes. Cet entracte ludique de l'automne s'abreuve naturellement à la polychromie des quelques jours de beau temps qui ménagent le passage vers une période, au début, sombre comme les ciels gris de novembre, puis nacrée, à mesure que les nuages se chargent de neige.

◀ Ulverton, le dernier
village loyaliste du bord de la
Saint-François vers l'aval,
aligne le long de la route ses
meeting houses que les
francophones ont
baptisées *mitaines*.

Les riches dégradés de l'automne enluminent tout d'abord les arbres, les érables surtout, les bouleaux plus discrètement, les tilleuls plus tardivement, pour ensuite s'assembler sur le sol en nattes bigarrées qui bruissent sous les pas : baroud d'honneur avant l'arrivée du blanc souverain que seul le vert persistant des résineux osera contredire. Dans le sud du Québec, il n'y a pas que la forêt à jouer les arcs-en-ciel ; les champs participent aussi à cette mascarade chromatique orchestrée, cette fois, par l'homme, car la variété des cultures et l'agenda des moissons sont responsables des différents coloris qui différencient les champs, les exploitations et même les régions.

Tandis que la nature s'endort, le paysan ne saurait pour sa part s'accorder de repos. Les récoltes ne sont en effet pas encore terminées. C'est ainsi que, pour peu que l'on parcoure les routes du Québec à l'arrière-saison, on découvre toute une variété de légumes et de céréales qui, lorsqu'ils sont encore en terre, mettent à l'épreuve les connaissances du citadin. Le long des circuits les plus achalandés, des échoppes temporaires proposent au passant les fraises de l'île d'Orléans, les gourganes de Charlevoix, les produits maraîchers des terres noires de Napierville. Le maïs fait la fierté des gens de Portneuf et rivalise avec celui d'autres régions, alors que familles et amis se réunissent pour des *épluchettes de blé d'Inde*. Dans les vergers de la région d'Oka et de la Montérégie, on invite les amateurs à cueillir eux-mêmes leurs pommes. Sur la route du vin, les vendanges faites, on offre aux voyageurs de goûter sur place les produits locaux, qui renferment toute la fraîcheur de l'automne.

Avant de se voir dépouiller de leur frondaison, les arbres rivalisent d'éclatantes couleurs, du jaune clair au rouge vif.

Les travaux de la ferme sont exigeants. L'engrangement des céréales s'impose, souvent avec urgence, car les premières gelées arrivent dès octobre, et parfois même avant. Autour de Joliette, on entrepose les amples feuilles de tabac dans les séchoirs qui somnolent çà et là sur la plaine. Les animaux regagnent les étables ; la machinerie est remisée, mais pour un temps seulement puisque, après avoir servi aux labours, au hersage et aux récoltes, on l'adaptera aux travaux de déneigement qui ne tarderont pas. Par ailleurs, dans chaque maison, on s'affaire à mettre en pots les récoltes de fruits et de légumes. Période charnière, rassurante, entre production et consommation : à l'hiver, on ne manquera de rien...

Afin de compléter les provisions, nombre de chasseurs quitteront la ville pour aller traquer le gros gibier en forêt ou la faune ailée sur les berges et dans les îles du Saint-Laurent. Car de nouveau les formations d'oies blanches sillonnent le ciel québécois avec un spectacle encore plus fascinant qu'au printemps, leur nombre ayant sensiblement augmenté au cours de l'été. En effet, dans les solitudes arctiques, chaque famille s'est agrandie de trois ou quatre rejetons qui, encore maladroits, ont malgré tout entrepris avec les adultes le long voyage vers les terres du sud. L'escale de mi-chemin se fait surtout en aval de Québec, de part et d'autre du fleuve, mais aussi autour du lac Saint-Pierre. Mystérieux présage que ce retour de l'oie des neiges… Dès qu'elle aura quitté, l'automne accueillera les premiers flocons. La chasse n'aura rapporté qu'un millier d'orignaux mais quantité de caribous et de cerfs de Virginie. Les Amérindiens, dont le calendrier est à cet égard beaucoup plus souple, formeront des groupes de chasse et de trappe pour partir dans l'arrière-pays durant de nombreuses semaines, à la recherche de leurs proies traditionnelles.

L'agenda des citadins a aussi ses particularités, l'automne venu. Plusieurs vont fermer leur chalet d'été ou leur camp de pêche. On pose les *châssis doubles* en prévision des grands froids. On ratisse les feuilles mortes, qu'on emprisonne, législation oblige, dans de vulgaires sacs orange. À la campagne, on permet encore, Dieu soit loué! que d'odoriférantes fumées bleues signalent dans l'air frisquet l'offrande de cette ultime moisson. On entre le bois, les plants de tomates et tout ce qu'on veut soustraire aux griffes du froid. Dans certaines villes, qui sacrifient l'esthétique à la commodité, des garages temporaires s'alignent le long des rues qu'ils escorteront jusqu'au printemps.

Le sol se recouvre du feuillage doré que le vent d'automne a ravi aux arbres; la nudité de toutes ces ramures annonce l'hiver tout proche.

L'automne, le mois des morts? L'activité y est pourtant aussi fébrile qu'en autre saison. Seule l'humeur change, car le divertissement fait place au travail; fini les grandes vacances! C'est la rentrée, un renouveau d'un autre type. Une nouvelle année scolaire vient de commencer. Enfants et adolescents s'engouffrent dans les écoles, les collèges et les universités. C'est aussi la rentrée pour le théâtre, pour l'édition, heureux dérivatifs à la fermeture saisonnière de sites que notre climat condamne à l'hibernation.

Tout autant que l'hiver, il nous faut apprivoiser l'automne. La sagesse populaire y a songé : au début de novembre, elle convie morts et fantômes, diablotins et sorcières au grand rendez-vous de l'Halloween, coutume héritée des Celtes, ces lointains ancêtres pour qui l'année commençait le premier novembre. C'est la fête du potiron, de la citrouille comme on dit chez nous, qui se retrouvera dans les assiettes sous forme de soupe ou de confitures, mais seulement après qu'elle aura eu son heure de gloire, exposée en pleine façade, jetant, à travers les orbites qui percent sa pelure, un regard de flamme tremblotante aux enfants venus lui rendre hommage et surtout quêter des friandises. Et gare à ceux qui refuseraient cette précieuse obole ! Un sort leur sera jeté…

… comme à tous ceux qui se risqueraient encore à médire de nos automnes !

Lorsque arrive le temps des moissons, les champs de la plaine du Saint-Laurent imitent, en plus discret, l'étalage multicolore des arbres de la forêt laurentienne. ▶

◀ Les villages de Grandes-Piles
et de Saint-Jean-des-Piles, qui
se font face de part et d'autre
du Saint-Maurice,
tirent leur nom, dit-on, des
amoncellements de billots que
les draveurs escortaient depuis la
Haute-Mauricie jusqu'à
Trois-Rivières, capitale du papier.

Les impressionnants murs
rocheux qui flanquent le fjord du
Saguenay sont des témoins
éloquents du vigoureux
creusement qu'y a opéré le
glacier, il y a quelques dizaines
de milliers d'années.

L'*été des Indiens* apporte sa double chaleur, celle de l'air automnal et celle du coloris,

soit en tavelant la verte forêt coniférienne de jaune ou de rouge…

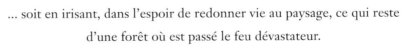

... soit en irisant, dans l'espoir de redonner vie au paysage, ce qui reste
d'une forêt où est passé le feu dévastateur.

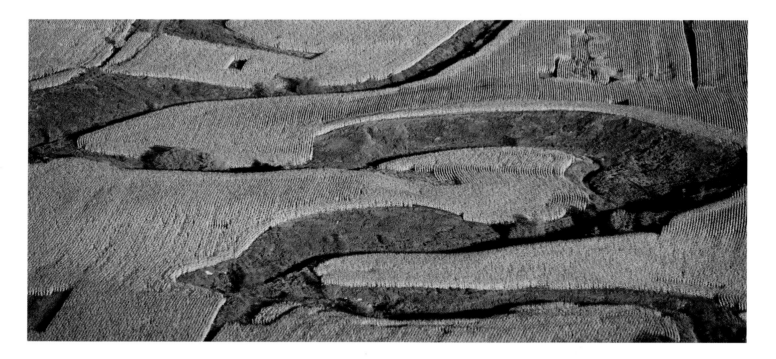

Les méandres serrés des rivières et ruisseaux de la plaine imposent aux agriculteurs, lors des labours et des semences, de se conformer à leurs capricieuses sinuosités.

L'agriculteur a doté le paysage d'une structure géométrique, sans rien lui faire perdre, grâce à la variété
de ses cultures, des couleurs dont la nature a fait don au couvert végétal.

L'originalité de la culture des atocas tient tout autant à la méthode de flottaison employée
lors de la récolte qu'à la violence de l'écarlate qui éclate alors dans le paysage.

Pages précédentes: Le coloris automnal des feuillus, qui recouvre les premières collines du bouclier
canadien, souligne, en avant-plan, le rebord d'une dernière terrasse de la plaine du Saint-Laurent.

Une fois les champs drainés et la récolte des atocas terminée, les résidus
forment un tableau d'une texture et de teintes particulières.

Lorsque s'épuise l'automne, le vent annonciateur des jours froids dépouille les arbres pour dérouler,

autour de l'église de Hatley, dans les Cantons-de-l'Est, un éphémère tapis de feuilles.

◀ À Mystic, dans les Cantons-de-l'Est, il y a autant de défunts dans le cimetière que d'habitants dans le village.

C'est un peu l'automne de la vie pour cette petite agglomération fondée au tournant du XIXe siècle par les Loyalistes.

À Saint-Armand, un pont couvert
gardera la teinte qui
le caractérise, contrairement
à celles que l'automne prête
temporairement aux arbres qui
bordent les champs.

Côté montagneux comme côté
champêtre, les abords du lac
Memphrémagog prennent les
tons chauds de l'automne pour
souligner l'ordonnancement
du paysage rural. ▶

Dans un dernier sursaut d'énergie, les érables se parent d'intenses couleurs,
spectacle unique qui sans cesse nous émerveille.

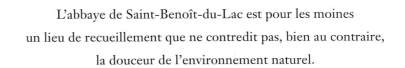

L'abbaye de Saint-Benoît-du-Lac est pour les moines
un lieu de recueillement que ne contredit pas, bien au contraire,
la douceur de l'environnement naturel.

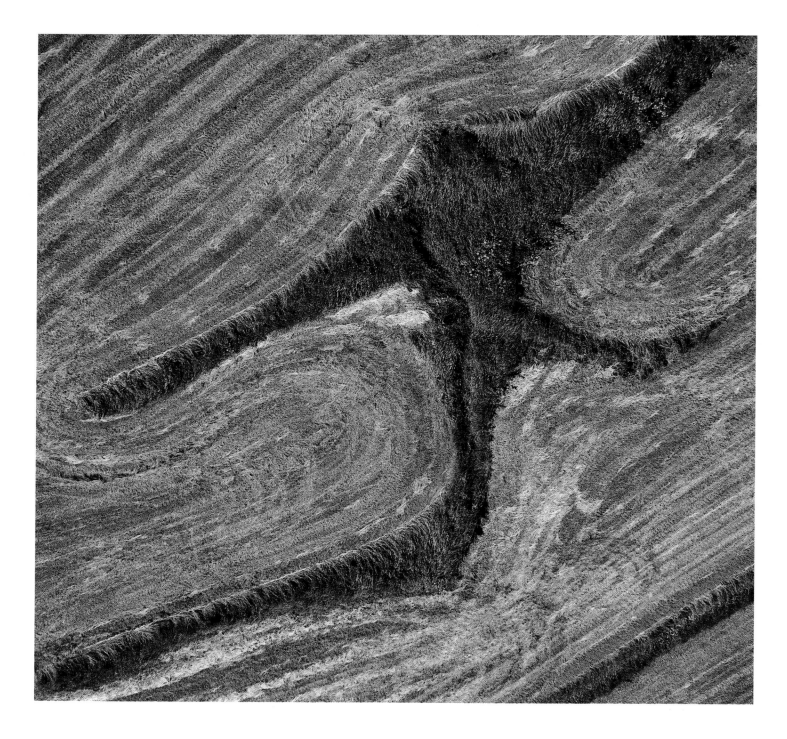

En contournant les ruisselets qui morcèlent son champ, un fermier a dessiné sans le savoir l'ombre d'un bon génie…
ou serait-ce quelque esprit maléfique ? La qualité des récoltes le dira.

Les agriculteurs de la plaine du Saint-Laurent mettent toutes les chances de leur côté en variant leurs semences, multipliant ainsi les couleurs du terroir.

Autour des maisons, sur la ligne divisoire des lots, le long des ruisseaux et des sentiers,
l'arbre égaie le paysage rural de ses couleurs d'automne.

Dans les Cantons-de-l'Est, les crêtes parallèles des Appalaches servent souvent de
belvédère d'où on peut admirer la géomorphologie particulière de cette chaîne montagneuse et,
à l'automne, le flamboiement de la forêt.

◀ L'automne met en relief la végétation diversifiée de la belle vallée glaciaire de la Jacques-Cartier
en colorant les arbres à feuilles qui s'accrochent aux pentes du plateau, alors que
sur son sommet s'étend la forêt de conifères toujours verts.

Les rives du Saint-Laurent sont
en général découpées avec
netteté, mais il arrive, comme à
Saint-Roch-des-Aulnaies,
qu'entre terre et mer, par le jeu
des marées, se déploie un littoral
incertain et amphibie.

◂ À voir ces eaux si calmes du lac Memphrémagog, qui pourrait imaginer que s'y cache un animal monstrueux, le fameux Memphré, dont les apparitions furtives nourrissent l'imagination des diffuseurs de légendes ?

Sur plus de deux cents kilomètres, la rivière Jacques-Cartier entaille le bouclier canadien qui, à l'automne, offre au voyageur aérien une symphonie chromatique toute particulière.

Les rythmes
du temps

Je suis l'arbre solitaire, je suis peintre, chante le groupe Kermess. Peintre en effet, l'arbre solitaire qui,
au rythme des saisons, sait faire contraster sa couleur avec celle de la terre qu'il ombrage.

Pages précédentes: La fondation de Québec, berceau de la civilisation française en Amérique,
constitue une date charnière dans le rythme du temps nord-américain.

Au matin du monde, Dieu sépara les eaux de la terre ferme. Puis, sur ses ordres, une partie du manteau terrestre entreprit une lente migration, se détacha de ce qui est aujourd'hui l'Europe et l'Afrique, pour constituer le continent que les découvreurs européens nommeront Amérique. Ce fut pour eux le Nouveau Monde où tout était différent, y compris le rythme des choses : saisons beaucoup plus démarquées que celles du Vieux Continent, marées aux écarts démesurés à l'aune européenne ou, à l'autre extrémité de l'échelle, cycles géologiques qui ont laissé sur son sol, à la fois les plus vieilles roches du monde et l'empreinte d'une toute récente glaciation, achevée il y a à peine quelques milliers d'années. Les rythmes du temps sont, dans ce pays, d'une diversité qui donne le vertige.

Il suffit d'observer les couleurs du temps pour aussitôt percevoir tout au moins un des rythmes qui marquent la vie de notre territoire. Si l'homme a su mettre à profit ses talents de peintre pour agrémenter son environnement, c'est que Dame Nature lui avait donné un savant exemple. La polychromie de sa palette est en effet aussi riche que changeante. Elle a fait du Québec un kaléidoscope, ce jouet magique qui, de quelques cristaux, toujours les mêmes, compose des milliers de figures, toujours différentes. Avec le temps qui tourne, le pays se pare de teintes perpétuellement renouvelées. Car comme l'espace, le temps est rond ; il forme en quelque sorte une spirale qui s'enroule autour d'un axe où s'inscrivent des rythmes séculaires, annuels, saisonniers, quotidiens.

Au rythme des temps géologiques, des années, des saisons et jusqu'aux heures du jour, ses paysages déclinent toutes les couleurs de l'arc-en-ciel, chacune ayant son sens et témoignant de phénomènes naturels aussi bien que d'activités humaines dont l'œil attentif de l'habitant spectateur doit savoir décoder la signification ou l'explication. Chaque portion du temps a son caractère particulier qui s'exprime ostensiblement avec ses nuances propres. Il faut en suivre l'enchaînement pour bien saisir l'essence du pays. Mais le Québec, comme quelques autres régions septentrionales, a le précieux privilège de connaître une saison où s'opère pour ainsi dire la synthèse des mille tonalités du temps ; peut-on, en effet, ne pas s'émerveiller de la symphonie diaprée qui se déploie dans l'automne de nos forêts où l'érable est roi ?

Revenons à l'échelle géologique : l'histoire du Québec se compte alors en millions d'années. Nul scribe n'a pu en consigner les péripéties, mais heureusement, lorsque la Terre est en veine de confidence, elle exhibe simultanément les divers oripeaux dont, au fil des temps, elle s'est revêtue. Ainsi, les géologues ont pu décrypter les messages, parfois éloquents, parfois mystérieux, que la nature a inscrits dans la topographie du pays et dans la roche elle-même, indices précieux pour calculer l'âge de chacun des éléments du paysage naturel et ainsi décoder l'histoire de la Terre. Les tremblements épisodiques qui ont imperceptiblement et progressivement crevassé sa peau parcheminée, conjugués aux frictions érosives de la mer et aux caresses insistantes des vents dominants, ont mis à nu des amoncellements de sédiments que révèlent des falaises vives ou des abrupts de faille, loyaux témoins de ces lointaines époques géologiques. Cette prodigieuse épopée s'est gravée dans la pierre à un rythme d'une telle lenteur que l'on peut parler de temps figé. Ainsi, le temporel est devenu spatial.

À l'autre extrémité de la séquence des rythmes, on compte des temps infiniment plus brefs, fugaces, presque instantanés où les formes de l'eau, de la neige et du sable sont en perpétuel mouvement. À cause de ces vibrations continuelles, la topographie du Québec est beaucoup plus dynamique qu'on ne pourrait le croire : de saison en saison, de marée en marée, les berges du fleuve et les rivages de la mer se modifient constamment.

On le voit, les horloges de l'histoire ne marquent pas toutes le même rythme. Certaines sont très lentes et mettent des siècles, des millénaires même, à compléter leur cycle. D'autres sont d'une rapidité telle que leur mouvement défie l'œil, pourtant preste, du photographe. Entre les variations climatiques qui ont joué sur des milliers d'années et les changements de couleurs que déclinent les différentes heures du jour, tous les intermédiaires existent.

Au zénith du jour, le soleil inonde le fleuve de ses rayons argentés. Serait-ce ce que souligne le nom d'*Argentenay* donné à la pointe de l'île d'Orléans, en face du mont Sainte-Anne ?

Depuis que le monde est monde, en effet, différents rythmes se superposent. Il en est ainsi au Québec comme partout ailleurs : l'articulation originale de ces séquences temporelles contribue fortement à la personnalité du pays. Ainsi l'histoire humaine du Québec, quoique bien antérieure à l'arrivée des Européens, est extrêmement brève si on la compare à son histoire géologique, puisque c'est sur son sol qu'on trouve les plus vieilles roches du monde. L'occupation progressive du territoire qui se poursuit lentement depuis des siècles et l'urbanisation qui a accéléré son pas depuis le début du XXᵉ siècle se sont faites en même temps que l'homme s'adaptait aux cadences régulières des saisons, des marées et des heures du jour.

En ce pays, les saisons conditionnent les travaux et les jours de façon péremptoire. Le poids de l'hiver est particulièrement lourd. Par des froids qui atteignent parfois -30 °C, il faut bien assurer aux habitations la chaleur nécessaire à une vie confortable, de même qu'un éclairage qui trompe l'obscurité hivernale ; à cet égard, la nature a tout prévu, car elle a doté le Québec d'immenses réserves d'or blanc, cette eau que le génie technique transforme en énergie. Dans un pays où il neige de cinquante à soixante-quinze jours par an et qui reçoit annuellement en moyenne quatre cents centimètres de précipitations neigeuses, l'ouverture du chenal du fleuve, le déneigement des routes et des toits, voire les exigences vestimentaires mobilisent aussi l'énergie humaine.

Chaque saison a ses couleurs ; chaque heure du jour aussi. À l'aube, une lueur rougeâtre annonce le lever imminent du soleil sur le Saint-Laurent.

Mais il n'y a pas que l'hiver qui attend de l'homme qu'il s'accorde aux rythmes du temps. Chaque époque de l'année impose, suggère ou favorise un cortège d'activités. Obligation fait loi ; imagination fait joie ! Dès que la terre émerge de son hibernation, l'agriculteur se consacre tout entier aux semailles, cependant que, dans les cités-dortoirs qui entourent toutes les villes du Québec, le citadin en fait autant sur ses minuscules parcelles de gazon, de rocailles ou de potager. Pour ce dernier, toutefois, cette occupation sera prétexte, l'été durant, à des périodes de repos, de vacances et d'amusement. Quant au fleuve et aux lacs, ils se voient envahis d'embarcations impatientes de reprendre du service après des mois de sommeil, les unes s'apprêtant à voguer vers les baleines, d'autres parées pour les premières pêches ou simplement pour le plaisir de hisser les voiles.

Les places publiques deviennent le lieu de manifestations artistiques qui, durant des mois, étaient confinées entre quatre murs. Si l'été québécois est à ce point fertile en festivals, c'est que tout le monde sait bien qu'il est temps de chanter, n'en déplaise aux âmes tristes, car après le leurre de sa chatoyante fantasmagorie, l'automne n'aura plus pour nous que grimaces, sautes d'humeur et sanglots, en dépit de quoi il faudra bien procéder aux récoltes tardives et se préparer aux rigueurs de l'hiver, cette période charnière où tout est en attente de recommencement.

Le soleil, dans son cycle annuel, est le maître des saisons, tout comme la lune, dans son cycle mensuel, commande les marées qui, elles aussi, imposent leur rythme à l'homme. Les pêcheurs, les cueilleurs de moules sur la Côte Nord, les capitaines des traversiers qui relient les îles du Saint-Laurent, les baigneurs, pour peu qu'il en reste le long du fleuve, connaissent tous l'horaire des hautes et des basses eaux. Deux fois par jour, mais jamais à la même heure, le golfe et le fleuve jusqu'au lac Saint-Pierre se gonflent en une pulsation qui a ses effets sur les formes littorales, sur l'apparition ou la disparition des hauts-fonds, sur le mouvement et le dépôt des glaces. Mais c'est dans l'extrême nord du Québec que le phénomène atteint son paroxysme : la baie d'Ungava connaît les plus fortes marées du monde, jusqu'à près de vingt mètres ! Des centaines d'îles sont ainsi converties, deux fois par jour, en presqu'îles ; comme la frontière septentrionale du Québec a été bizarrement fixée à la ligne de rivage, allez savoir où finit cette Terre-Québec perdue dans les brumes du Nord… et de la géopolitique.

Les époques géologiques, les siècles, les années et leurs saisons, les marées découpent le temps en des séquences qui se fondent les unes dans les autres. Chacune émane imperceptiblement de celle qui la précède, pour ensuite laisser doucement la place à celle qui suit, sans heurt ni hiatus, comme les heures du jour sous la marche du soleil ; fidèle comme pas un, ce dernier, dès son lever, colore le pays puis met en relief ses formes et leur confère des ombres qui en donnent la mesure, pour ensuite les remettre délicatement à la nuit, jusqu'à son indéfectible retour. Rythmé dans le temps, rythmé dans l'espace, le Québec offre aux voyageurs du ciel un vivant spectacle dont les acteurs, hommes, bêtes et dieux, partagent le même défi : celui de répondre à l'inéluctable nécessité d'une complète harmonie entre la terre du Québec et tous ceux qui l'habitent.

Un hasard, sans doute, mais il arrive que le ciel reflète la géographie du pays. Ce jour-là, la pointe au Platon s'inscrivait dans le firmament… ▶

La journée qui commence
accueille un soleil qui s'amuse à
débusquer les moindres détails du
paysage, aux îles de la Madeleine
comme au-dessus de Québec.

Lorsque le soleil touche à
l'horizon, il fait sortir de
l'ombre l'édifice Price, qui
abrite aujourd'hui des services
de la Ville de Québec.

Le Saint-Laurent déroule un tapis d'argent devant l'île aux
Basques qui s'apprête à se fondre dans la nuit.

Les différences entre les saisons s'expriment en température et en couleurs,

comme l'été et l'hiver à Leclercville...

... ou comme le printemps et l'automne à Saint-François de l'Île d'Orléans.

Saint-Maurice-de-l'Échouerie, heureuse désignation pour ces longues grèves de la côte gaspésienne
sur lesquelles le rythme des marées permettait aux pêcheurs d'échouer leurs bateaux.

À Old Harry, aux îles de la Madeleine, les bateaux voguent
ou s'échouent selon le va-et-vient biquotidien des marées
auquel les marins adaptent leurs activités.

Les lieux de culte, comme le calvaire d'Oka, ou les habitations dans les cités-dortoirs savent traverser les saisons ; la fidélité à leurs fonctions leur assure une grande permanence.

La chute Montmorency, hiver comme été, creuse imperceptiblement, depuis des millénaires,
le rebord du bouclier canadien ; elle transcende ainsi les rythmes du temps.

Au cap Forillon, la Terre expose ses archives faites de la lente et longue
accumulation de sédiments, témoins d'autres âges. L'espace constitue ainsi la mémoire
des rythmes du temps.

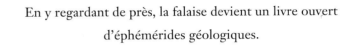

En y regardant de près, la falaise devient un livre ouvert
d'éphémérides géologiques.

La croûte terrestre est un laboratoire où se conjuguent des processus aux rythmes fort différents.

À l'opposé de celles qui s'élaborent durant des millions d'années, certaines formes, sous l'action des courants aériens

ou maritimes, sont essentiellement éphémères.

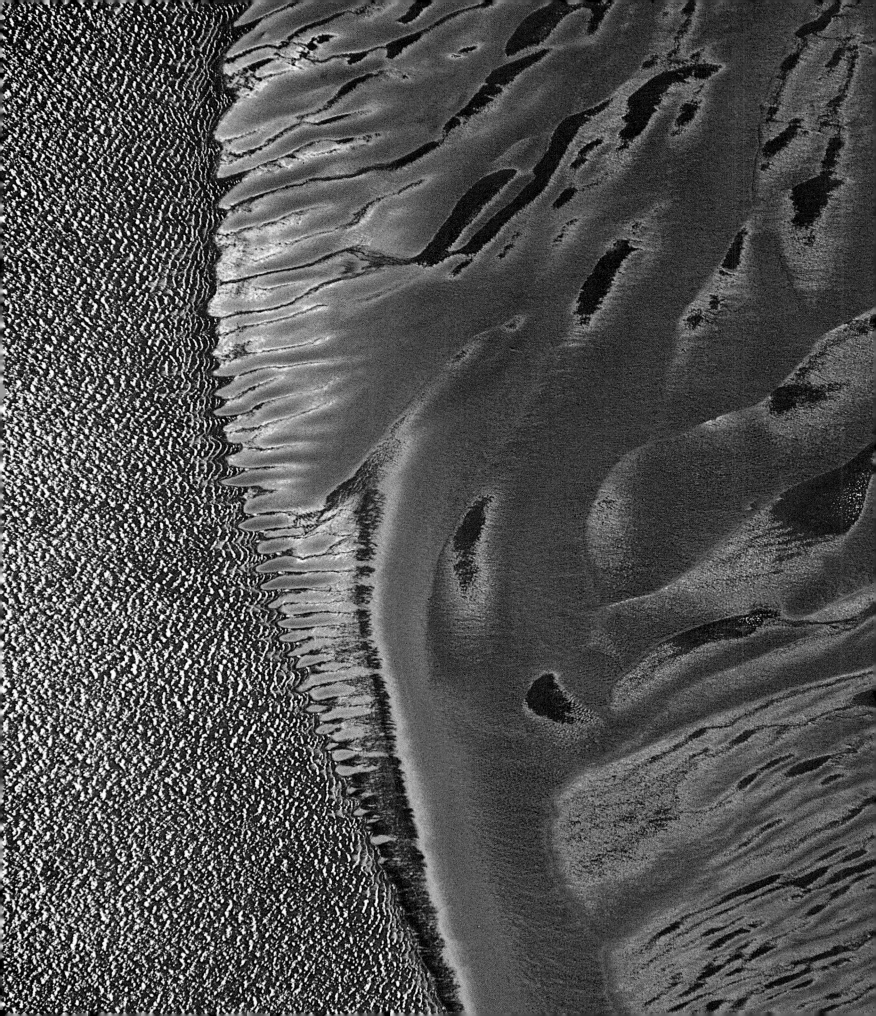

Pages précédentes: Le Québec
est un territoire rythmé dans
l'espace et dans le temps. Par la
vastitude de ses paysages qui
confondent en dimensions et en
couleurs fleuve et mer, et parfois
terre et ciel, il inspire un certain
sentiment d'éternité.

Une brume matinale recouvre
les plus vieilles roches du monde
d'un voile éphémère; voilà
deux extrêmes parmi les rythmes
du temps.

Sainte-Anne-de-la-Pérade : un village qui vit l'été et dort l'hiver ? Que non ! À la saison froide, la population s'augmente des centaines de pêcheurs venus extirper de sous la glace les *p'tits poissons des chenaux*.

Le Jardin botanique de Montréal est soumis aux variations saisonnières… comme en Chine.
Le jardin chinois prend donc lui aussi les couleurs du temps, chacune ayant ses attraits.

En belle saison, le village de Lotbinière bénéficie de la proximité du Saint-Laurent dont l'hiver
le prive lorsque la glace littorale réduit le fleuve à un mince ruban.

À un demi-siècle de distance, les ingénieurs ont jeté au-dessus du Saint-Laurent,
près de Québec, deux ponts qui semblent comparer tant leur silhouette que la capacité
de leur structure à absorber l'effet du froid.

Le pont de Québec et le pont Pierre-Laporte
rivalisent d'élégance, surtout vus du ciel, alors que
leurs profils se détachent clairement sur le paysage.

Le rythme du port de Montréal est maintenant d'une rentable continuité : depuis 1964,
il est actif vingt-quatre heures sur vingt-quatre, tous les jours de l'année.

La beauté de l'observation aérienne, c'est qu'elle permet de déterminer facilement la route à suivre
pour ne pas se perdre dans ce labyrinthe arbustif qui fait partie de l'arboretum du domaine de Maizerets, à Québec.

L'hiver n'a pas raison des formes géométriques que les agriculteurs dessinent dans leurs champs
et qui ne font alors que s'estomper dans une monochromie que les ombrages savent vaincre.

Aux îles de la Madeleine, point de rangs : les habitations des Madelinots s'égaillent en un heureux désordre dans les champs qui, sans transition, aboutissent à la mer.

Les assauts de la mer ont sculpté autour des îles de la Madeleine, notamment à l'île d'Entrée,
des falaises qui, au soleil couchant, prennent tout leur relief.

Quand le soleil éclaire de ses derniers rayons le campus de l'Université Laval, il incite à réfléchir
sur l'essentielle relation entre la beauté des paysages et le devoir qui incombe à la science de
préserver l'inestimable trésor qu'ils recèlent.

Avant de quitter le Québec pour continuer sa course vers l'ouest,
le soleil abreuve la forêt laurentienne de ses derniers rayons,
qui se distillent alors en teintes roses et violacées. ▸

Survoler le Québec,
c'est découvrir la variété de ses
paysages au rythme du temps et
de l'espace ; c'est aussi capter le
regard de ceux qui, tout en bas,
font de ce pays une terre qui vit
en harmonie avec ce que
la nature lui a légué.

Table des matières

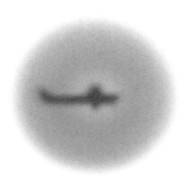

Lithographié sur papier Jenson 200 M
et achevé d'imprimer au Canada en mars 2001
sur les presses de l'imprimerie Interglobe.